अद्भुत गणितज्ञ
श्रीनिवास रामानुजन

श्रीनिवास रामानुजन के कृतित्व पर
राष्ट्रपति डॉ. ए.पी.जे. अब्दुल कलाम के प्रेरणादायी लेख के साथ

नरेन्द्र कुमार गोविल • भूदेव शर्मा

प्रकाशक • **प्रभात प्रकाशन प्रा. लि.**
4/19 आसफ अली रोड,
नई दिल्ली–110002

संस्करण • 2026
मूल्य • तीन सौ पचास रुपए
मुद्रक • जयलक्ष्मी प्रिंटिंग प्रेस, दिल्ली

ADBHUT GANITAJNA : SRINIVAS RAMANUJAN
(Great Mathematician : Srinivas Ramanujan)
by Shri Narendra Kumar Govil / Shri Bhudev Sharma ₹ 350.00
Published by Prabhat Prakashan Pvt. Ltd., 4/19 Asaf Ali Road, New Delhi-2
e-mail: prabhatbooks@gmail.com ISBN 978-93-5186-495 0

जीवन में भारतीय मनीषा के प्रति
अनन्य श्रद्धा के संस्कार देनेवाले
लेखकों के दिवंगत माता-पिता--
श्रीमती कमला देवी तथा श्री पन्ना लाल गोविल
एवं
श्रीमती शांति देवी तथा श्री जानकी प्रसाद शर्मा
की स्मृति को

सत्यमेव जयते

अटल बिहारी वाजपेयी

संदेश

जिस भारतीय संस्कृति ने विश्व को शून्य का उपहार दिया, उसी कोख से श्रीनिवास रामानुजन जैसे विलक्षण गणितज्ञ ने जन्म लिया। 32 वर्ष की कम आयु में ही रामानुजन ने गणित के संसार को ऐसा अद्‌भुत योगदान दिया जिसे परिभाषित करने के लिए आज भी सैकड़ों विद्वान् प्रयासरत हैं।

एक मुनीम के घर में जन्म लेकर विश्व को प्रभावित करने तक की यात्रा में रामानुजन ने हर भारतीय को गौरवान्वित किया है। उनकी हस्तलिपिबद्ध पुस्तिका सन् 1976 में अचानक ट्रिनिटी कॉलेज के पुस्तकालय में मिली। यह करीब एक सौ पृष्ठ की पुस्तिका आज भी गणितज्ञों के लिए एक गुत्थी बनी हुई है। मैं आशा करता हूँ कि भविष्य में विद्वान् रामानुजन के सूत्रों को सिद्ध कर पाएँगे।

डॉ. भूदेव शर्मा एवं डॉ. नरेन्द्र कुमार गोविल ने हिंदी में रामानुजन के जीवन, व्यक्तित्व एवं कार्यों को इस पुस्तक में सँजोकर बीस करोड़ हिंदी भाषियों के सामने रखा है। यह प्रयास सराहनीय है। आनेवाली पीढ़ियों को रामानुजन का जीवन प्रेरित करता रहेगा।

अटल बिहारी वाजपेयी

नई दिल्ली

(अटल बिहारी वाजपेयी)

6 ए, कृष्ण मेनन मार्ग, नई दिल्ली–110011 (भारत)
फोन : +91 11 23015308, 23793877 फैक्स +91 11 23794612

शुभाशंसा

भारत के एक महानतम गणितज्ञ श्रीनिवास रामानुजन के जीवन एवं उपलब्धियों को प्रस्तुत करनेवाली हिंदी की इस प्रथम पुस्तक के आरंभ में कुछ कह पाने की अनुमति को मैं एक बड़ा सम्मान मानता हूँ। विश्व भर के 20 करोड़ से अधिक हिंदीभाषी पाठकों को यह अवसर प्रदान करके प्रो. गोविल एवं प्रो. शर्मा ने अद्‌भुत कार्य किया है।

मेरे जीवन के पचास से भी अधिक वर्षों में श्रीनिवास रामानुजन का महत्त्वपूर्ण स्थान रहा है। मैं जब ऑरेगन विश्वविद्यालय में स्नातक स्तर का विद्यार्थी था तब जेम्स न्यूमैन की पुस्तक 'द वर्ल्ड ऑफ मैथेमेटिक्स' में उनकी जीवनी पढ़कर मंत्रमुग्ध हो गया था। बाद में पेंसिल्वेनिया विश्वविद्यालय में स्नातकोत्तर विद्यार्थी काल में प्रो. हंस रैडमाखर ने रामानुजन की उपलब्धियों पर विस्तार से भाषण दिए और थीसिस के लिए मुझे 'रामानुजन के मॉक थीटा फंक्शन' का विषय निर्धारित किया।

रैडमाखर के प्रभाव ने मेरे आरंभिक शोध-काल को स्वरूप प्रदान किया और मैंने 'रोजर-रामानुजन तादात्म्यों' के निकट क्षेत्र में ही अपने अध्ययन को केंद्रित किया।

सन् 1976 में संयोगवश कैंब्रिज विश्वविद्यालय में ट्रिनिटी कॉलेज के पुस्तकालय में एक दिन मैंने रामानुजन द्वारा लिखी सौ पृष्ठों से अधिक की एक पांडुलिपि को एक बक्से में उपेक्षित पड़ा पाया। यही सामग्री रामानुजन की 'लॉस्ट नोट-बुक' के नाम से जानी जाती है। मैंने उसमें प्राप्त सूत्रों पर बहुत से शोध-पत्र लिखे हैं तथा मैं और ब्रूस बर्नडट इसका एक संपादित संस्करण तैयार कर रहे हैं।

रामानुजन की जन्म-शताब्दी (22 दिसंबर, 1987) के अवसर पर नरोसा

पब्लिशिंग हाउस ने 'लॉस्ट नोट-बुक' का एक फेसीमाइल संस्करण निकाला था। इसकी आशुप्रति तत्कालीन प्रधानमंत्री श्री राजीव गांधी द्वारा रामानुजन की पत्नी जानकीअम्मल को भेंट की गई थी। उसकी दूसरी प्रति उन्होंने मुझे दी थी।

रामानुजन पर मेरा अध्ययन बहुत लाभप्रद रहा है। इस प्रतिभाशाली व्यक्ति के विचारों को समझने के प्रयास से मैंने बहुत कुछ सीखा है। मैं आशा करता हूँ कि यह पुस्तक पाठकों को रामानुजन तथा उनके कार्य के भावी अध्ययन के लिए प्रेरित करेगी।

—जॉर्ज ई. एंड्रूज

इवान पुघ प्रोफेसर, गणित विभाग
द पेंसिल्वेनिया स्टेट यूनिवर्सिटी,
0410 मैक-एलिस्टर बिल्डिंग,
यूनिवर्सिटी पार्क, पेंसिल्वेनिया-16802

टिप्पणी : *प्रो. एंड्रूज, जैसा उन्होंने ऊपर संकेत किया है, ने रामानुजन का वह कार्य जो विलुप्त पड़ा था, को खोजा, उसको प्रकाशित किया और उसपर अथक शोध कार्य किया। उनके कार्य से गणित में रामानुजन के कार्य की महत्ता बढ़ी है तथा रामानुजन द्वारा गणित में दी एक नई दिशा का विकास हुआ है। वह वरिष्ठ प्राध्यापक और यू.एस.ए. की 'नेशनल एकेडमी ऑफ साइंसेज' के सदस्य हैं।*

वह अपने जीवन में रामानुजन का विशेष स्थान मानते हैं। गणित में उनका विशेष स्थान है।

श्रीनिवास रामानुजन और गणित

—डॉ. ए.पी.जे. अब्दुल कलाम

गणित में विलक्षण प्रतिभा के धनी श्री श्रीनिवास रामानुजन ने गणित के क्षेत्र में अपने कार्य से देश को गौरवान्वित किया है। भारत ही नहीं, पूरे विश्व के गणितज्ञों के लिए रामानुजन निरंतर प्रेरणास्रोत बने हुए हैं।

श्रीनिवास रामानुजन अपने समय के श्रेष्ठतम प्रतिभावान् व्यक्ति के रूप में जाने जाते हैं। वह केवल तैंतीस वर्ष जीवित रहे। विधिवत् उच्च शिक्षा तथा जीवन-यापन के साधनों की कमी होने पर भी अपने विषय से नितांत प्रेम एवं अथक उत्साह के कारण उन्होंने गणित के शोध-कोष में महत्त्वपूर्ण योगदान दिया। आज भी विश्व के गणितज्ञ उनके द्वारा दिए कुछ सूत्रों को सिद्ध करने में प्रयत्नशील हैं।

रामानुजन एक ऐसे प्रतिभा-संपन्न भारतीय थे, जिन्होंने कैंब्रिज के अति प्रसिद्ध गणितज्ञ प्रो. जी.एच. हार्डी, जो बहुत रूखी प्रकृति के थे, के हृदय को पिघला दिया था। साथ ही यह कहना भी अतिशयोक्ति नहीं होगी कि विश्व के सम्मुख रामानुजन को प्रकाश में लाने वाले भी प्रो. हार्डी ही थे। प्रो. हार्डी ने विभिन्न प्रतिभावान् व्यक्तियों को 100 के पैमाने से आँका है। अधिकतर गणितज्ञों को उन्होंने 100 में से 30 के निकट अंक दिए हैं, कुछ विशिष्ट व्यक्तियों को 60 अंक दिए हैं। केवल रामानुजन को उन्होंने पूरे-पूरे 100 में से 100 अंक दिए हैं। इससे बढ़कर रामानुजन अथवा गणित में भारतीय विरासत की और क्या प्रशंसा हो सकती है!

रामानुजन का कार्यक्षेत्र बड़ा विस्तृत रहा है। संख्या-शास्त्र (Number Theory), मॉडुलर फलन शास्त्र (Modular Function Theory), रूढ़ संख्याएँ, हाइपर ज्यामितीय श्रेणी, मॉडुलर फलन, दीर्घीय फलन (Elliptic Functions), मॉक-थीटा फलन, यहाँ तक कि मैजिक वर्ग के अतिरिक्त दीर्घवृत्त की ज्यामिति एवं वृत्त के वर्गीकरण जैसे गंभीर विषय उनके कार्यक्षेत्र में आते हैं। अंकों पर रामानुजन का विशेष अधिकार था। प्रो. जी.एच. हार्डी ने उनके प्रति एक श्रद्धांजलि में रामानुजन को 'प्रत्येक अंक का व्यक्तिगत मित्र' कहा है।

अंक-शास्त्र एवं अध्यात्म का संबंध

रामानुजन के जीवन तथा कार्य में अध्यात्म का बहुत महत्त्वपूर्ण स्थान रहा है। वह कहा करते थे, 'मेरे लिए वह समीकरण, जिसमें ईश्वर का विचार समाहित नहीं है, व्यर्थ है।'

उनके लिए अंकों को समझना अध्यात्म से जुड़ने तथा उसके रहस्य को खोलने की प्रक्रिया थी। उनका शोध-कार्य करने का तरीका बड़ा विचित्र था। बहुधा वह सूत्र लिख भर देते थे। वे सूत्र उन्हें कैसे सूझे तथा उनको कैसे सिद्ध किया, यह वह छोड़ देते थे। अत: अपनी खोज से उन्होंने कितने ही ऐसे असाधारण निष्कर्ष निकाले, जिनको प्रारंभ में गणित-शोधकर्ताओं ने आश्चर्य एवं संदेह से देखा; परंतु जो बाद में सही सिद्ध हुए। उन्होंने एक नई थ्योरी का भी सूत्रपात किया, आज भी जिसके उपयोग का लाभ मिल रहा है। गणित एवं अध्यात्म, दोनों क्षेत्रों में ही वह अनंत को वास्तविक स्थान देते थे।

घंटों वह ब्रह्म, शून्य एवं अनंत पर अपने द्वारा दृष्ट संबंधों पर भाषण देते थे। उन्होंने संख्या $2^n - 1$ से ब्रह्म तथा विविध दिव्य-शक्तियों के संबंधों पर अपने विचार रखे हैं। उनके अनुसार जब $n = 0$ तब इसका मान शून्य रिक्तता का सूचक है, जब $n = 1$ पर इसका मान '1' है, जो ईश्वर का स्वरूप है। $n = 2$, से प्राप्त इसका मान '3' त्रिमूर्ति का द्योतक है तथा $n = 3$ पर इसका मान 7 सप्त-ऋषियों का परिचायक है। उनका सदैव यह विचार बना रहा कि शून्य परम सत्ता (Absolute Reality) का प्रतीक है और अनंत उस परम सत्ता की विविधता को सुस्पष्ट करता है।

गणित में शून्य एवं अनंत का गुणनफल अनिश्चित (Indeterminate) माना जाता है। रामानुजन का कहना था कि यह गुणनफल केवल अनिश्चित संख्या ही नहीं है, वास्तव में यह सभी संख्याओं के बराबर है। उनके अनुसार ये सब अलग-अलग संख्याएँ सृजन-क्रिया के अलग-अलग क्रमों के प्रतिरूप हैं। रामानुजन के लिए अंक और उनके गणितीय संबंध विश्व की विविध इकाइयों और उनके

समन्वय के मानक हैं। प्रत्येक साध्य, जो उन्होंने खोजा, उनके अनुसार अनंत के एक अन्य रहस्य की तह तक पहुँचना था।

रामानुजन के कार्य का सूचना-संचार में प्रयोग

रामानुजन के कार्य की जितनी प्रशंसा उनके जीवन काल में हुई, उससे कहीं अधिक वह आज सही उतरती है। उनके कार्य का आज उत्तम प्रयोग हो रहा है। संवाद भेजने (Information transmission) के विकास से सभी परिचित हैं। इसमें नंबर-थ्योरी का महत्त्वपूर्ण प्रयोग हुआ। संवाद भेजने की मुख्य समस्या संचार मार्ग में कोलाहल के कारण आनेवाली अशुद्धियों को सही करना है। इन अशुद्धियों को दूर करने के लिए नंबर-थ्योरी के प्रयोग से कोड्स बनाकर हुआ है। आदर्श संचार प्रतिमान को निम्न रूप में प्रस्तुत किया जा सकता है—

स्रोत (Source)-ऐनकोडर-चैनल (यहाँ कोलाहल का सम्मिश्रण)-डिकोडर-रिसीवर।

सूचना (Information) की परिभाषा, उनको तथा कोडिंग कुशलता को ठीक से मापने की समस्या का यथोचित हल प्राप्त हो गया है। कोडिंग की दूसरी समस्या यह है कि मार्ग (चैनल) में कोलाहल रहने के बावजूद ऐसी किसी विधि का विकास करना है कि अशुद्ध प्राप्त संवाद को पाकर यह निश्चित किया जा सके कि भेजा गया शुद्ध संवाद क्या था। संवाद-शास्त्र (Information Theory) का मूल साध्य इस बात की पुष्टि करता है कि किन्हीं परिस्थितियों में यह करना संभव है। अशुद्धियों को ठीक करनेवाले कोड्स का बनाना एक कठिन एवं रोचक गणितीय समस्या रही है और इसका लगभग सफल हल मिलने पर हमें यह संगणकों (Computers) तथा अन्य स्वचालित यंत्रों पर भरोसे से कार्य करने पर विश्वास हो गया है।

अनलॉग सूचना को परिवर्तन करने में फोरिएर ट्रांस्फॉर्म (Fourier Transform) नामक गणितीय तकनीक का प्रयोग होता है। परंतु जब डिजिटल के क्षेत्र में प्रवेश करते हैं तो एक अन्य तकनीक, जिसे डिस्क्रीट फोरिएर ट्रांस्फॉर्म कहते हैं, को प्रयोग करना होता है। संचार प्रक्रिया में सूचना से जुड़े कोलाहल को ठीक से हटाने के लिए इंजीनियरों ने पाया है कि इस प्रक्रिया में एक अन्य कुशल गणितीय युक्ति रामानुजन-फोरिए-ट्रांस्फॉर्म (RFT) का प्रयोग उत्तम है। यह इस बात का प्रमाण है कि यद्यपि रामानुजन ने आर-एफ-टी पर कार्य केवल इसलिए किया कि वह इसके गणितीय सौंदर्य पर आकर्षित थे; परंतु लगभग साठ वर्ष पश्चात् इसका प्रयोग आधुनिक संचार में हुआ है।

रामानुजन की विलक्षण प्रतिभा को प्रो. हार्डी ने पहचाना था। इसपर आक्षेप करते हुए उस समय पूंडी नमसिव्या मुदालियर ने वेदना भरे शब्दों में कहा था— 'यह हमारे देश की नियति है कि भारतीय मस्तिष्क को मान्यता के लिए एक विदेशी पर निर्भर होना पड़ा। हमारे अपने लोग इस प्रकार के व्यक्तित्व की प्रशंसा से क्यों कतराते हैं?'

मैं एक अन्य घटना का उल्लेख करना चाहूँगा, जो कुछ वर्ष पहले ही घटी। केरल के सुदूर क्षेत्र के एक युवक लवलिगन ने, जो पीयूसी में असफल रहा था, मुझे लिखा कि उसने एक नई गणितीय थ्योरी को खोजा है और वह मुझसे बातें करना चाहता है। पत्र से मुझे लगा कि यह लड़का निष्कपट है; क्योंकि उसने मुझे लिखा था, अत: मैंने उस पत्र पर विचार किया। मैंने सोचा कि हमारे विशेषज्ञों की एक टोली को उसके कार्य को समझकर उसे ठीक प्रकार से खोज करने के मार्ग पर लगाने के निर्देश देने चाहिए। मैंने उस लड़के को कुछ दिन के लिए दिल्ली बुलाया। हमें यह जानकर आश्चर्य हुआ कि वह लड़का रामानुजन की नंबर-थ्योरी के कुछ उन समीकरणों पर पहुँच गया था, जिनका उसको कुछ भी आभास नहीं था। उसका निकाला निष्कर्ष बिलकुल नया है, उसमें कुछ नए आयाम उभरते हैं।

गणित में नई उपलब्धियों की प्रेरणा को मोटे तौर पर दो तरह से माना जाता है। एक, प्रकृति अथवा प्राकृतिक असाधारण प्रक्रियाओं, जैसे तारों भरे आकाश, जिसने आदिकाल से ज्योतिर्विदों को आकर्षित किया है, के किसी अति सुंदर विधा के निरीक्षण से। दूसरी, गणितीय श्रेणियों अथवा अनुक्रमों (Sequences and Series) में निहित विविध आकृतियों को पहचानने से। यह निरीक्षण अथवा पहचान की प्रवृत्ति गणितीय मस्तिष्क में स्वत: जाग्रत् होती है।

यह जानना भी अच्छा है कि लवलीगन संप्रति घात अनुक्रमों और श्रेणियों (Power Series and Sequences) के अध्ययन पर उत्साह के साथ लगा हुआ है। मेरा विश्वास है कि उसे अच्छे गणित की शिक्षा एवं किसी अच्छे गणितज्ञ की संरक्षता की आवश्यकता है। यह ऐसा ही है, जैसा रामानुजन की प्रतिभा को निखारने में प्रो. हार्डी ने किया था।

मैंने उस लड़के से पूछा, 'तुम किसी गणित के अध्यापक से क्यों नहीं मिले?'

उसने उत्तर दिया, 'गणित के अध्यापक से मिलना तो एक अभियान जैसा है। किसी ऐसे व्यक्ति से मिलना, जिसने ग्रेजुएशन भी नहीं किया, उनकी गरिमा के विरुद्ध है।'

इससे कई प्रश्न उठते हैं। ऐसे कम आयु के उत्साही मस्तिष्कों को कैसे

प्रोत्साहन दिया जाए? क्या हमारे शिक्षक, लोकोपकारी अथवा समाज के सक्रिय व्यक्ति ऐसे होनहार बिरवानों को ढूँढ़ सकेंगे?

जो व्यक्ति ऐसी प्रतिभाओं का पता लगाकर उन्हें फलने-फूलने में सहायक होते हैं वह स्वयं एक अन्य प्रकार के पुष्प हैं, जिनके लिए 'भगवद्‌गीता' बताती है—'पुष्प को देखो, कितनी उदारता से वे अपनी सुगंध और अपना मधु बाँटते हैं। वे सबको देते हैं। वे अपना स्नेह बिना मूल्य के बाँटते हैं। अपना ध्येय पूरा करने के पश्चात् ये पुष्प मुरझाकर चुपचाप गिर जाते हैं। एक पुष्प की भाँति बनो, जो बहुत से गुणों के बाद भी निरभिमान है।' देश की सभी पीढ़ियों के लिए यह कितना सुंदर संदेश है!

रामानुजन जैसी प्रतिभाओं को प्रो. हार्डी की तरह ही सामने लाने के लिए मुझे एक सुझाव मिला है। इस सुझाव के अनुसार उच्च शिक्षा एवं शोध संस्थानों को इस प्रकार के प्रतिभाशाली बालकों को अपने यहाँ कम-से-कम कुछ महीनों के लिए रखना चाहिए। यदि ऐसा संभव हो और प्रतिभा का पोषण हो, तो इसमें लगने वाले आज के शिक्षक एवं शोध-कार्य में जुड़े विद्वान् एक अनगढ़ हीरे को तराशकर सुंदर रत्न का रूप देकर कल के हार्डी बनने का गर्व कर सकते हैं।

आज गणित के प्रयोग बढ़ रहे हैं। एक समय था जब नंबर थ्योरी सार रूप से मात्र शुद्ध गणित थी। आज प्रायोगिक नंबर थ्योरी से साधारणतः गुप्त-संचार (Criptography) का बोध होता है। इसके द्वारा आज सुरक्षित अथवा गुप्त संचार संभव हो रहा है। बहुत ही सरल गणित का चतुराई से प्रयोग करने पर गुप्त संचार में आश्चर्यचकित कर देनेवाले परिणाम सामने आए हैं। वास्तव में आरंभ में गुप्त संचार की पहली कुंजी में नंबर थ्योरी का बहुत ही अल्प ज्ञान काम में आया था। परंतु आज इस कार्य में स्नातक स्तर की नंबर थ्योरी के सभी उपकरण काम में आ रहे हैं। इस प्रकार आज की पीढ़ी के लिए गुप्त संचार नंबर थ्योरी के अध्ययन की प्रेरणा प्रदान करता है। गुप्त संचार, प्रयोग में आनेवाली नंबर थ्योरी के अतिरिक्त संचार जाल-तंत्र (communication networks) के बनाने में 'एक्सपैंडर ग्राफ' का वही स्थान है जो मकान बनाने में ईंटों का रहता है। इनका कंप्यूटर एवं संचार-विज्ञान में अच्छी मात्रा में उपयोग है। पिछले दो दशकों में 'रामानुजन ग्राफ' को दो कारणों से महत्त्व मिला है। प्रथम, उपयोगिता के विचार से इन ग्राफों ने बाह्य समस्याओं को सुलझाया है। दूसरा कारण है इनका सौंदर्य-बोध।

आंकिक (digital) संसार में ज्ञान का निरूपण 'बिट्स' एवं 'बाइट्स' से हो रहा है। यह देश की संपत्ति का आधार भी बन गए हैं। उदाहरण के लिए, कंपनियों

की दीर्घकालीन अपने वर्चस्व को बढ़ाने की नीतियाँ, बैंकों के खाते, ई-कॉमर्स के द्वारा की गई खरीद और यहाँ तक कि हमारे जमीन-जायदाद के अभिलेख आदि सभी आज डिजिटल रूप में हैं। नेटवर्क के माध्यम से बिट्स को भेजने से डिजिटल-संसार में संपत्ति का आगे प्रादुर्भाव होता है। शीघ्र ही विश्व के 25 प्रतिशत देश एक-दूसरे से सीधे अथवा अन्य किसी प्रकार से एक-दूसरे से सूचना एवं संचार उत्पादन द्वारा जुड़ जाएँगे। आज की नई दुनिया में वित्तीय एवं भौतिक सुरक्षा जिस माध्यम से बँधी है, वह सूचना की सुरक्षा ही है। जो देश सूचना के सृजन एवं उसकी सुरक्षा व्यवस्था में सक्षम होंगे, वही विश्व-नेता एवं विश्व-शक्ति बनेंगे।

क्रिप्टोग्राफी—सूचना को गुप्त रखना—सूचना सुरक्षा के लिए अत्यंत आवश्यक है। कंप्यूटर द्वारा संचार व्यवस्था में सूचना को गुप्त रखने के दो मार्ग हैं। एक सममित कूटलिपि (symmetric czpher) की विधि है, जिसमें जो कुंजी सूचना के कूटकरण (Encription) में प्रयोग होती है, वही उसके अकूटकरण (Decription) में प्रयोग होती है। दूसरी वह असममित (asymmetric) विधि है, जिसमें कूटकरण एवं अकूटकरण की कुंजियाँ अलग-अलग रहती हैं। दूसरी विधि को जन-कूटकरण (Public Key Encryption) के प्रयोग में लाया जा सकता है। अधिकतर प्रयोग में आनेवाले प्रसिद्ध आरएसए (RSA : Ron Rivest, Adi Shamir & Len Adleman) पद्धति इस बात पर आधारित है कि यदि दो रूढ़ अंकों p एवं q का गुणनफल n = pxq ज्ञात है तो उन दोनों रूढ़ अंकों p एवं q को प्राप्त करने में कितनी कठिनाई आती है।

यहाँ नंबर थ्योरी की भूमिका आती है। यह वह क्षेत्र है जिसमें रामानुजन ने महत्त्वपूर्ण कार्य किया। यदि रामानुजन कुछ अन्य वर्षों तक जीवित रहते अथवा यदि हम इस विषय में वह अग्रिम स्थिति बनाए रखते, जो रामानुजन ने हमें दी थी, तो आज हम 'सुरक्षित संचार में विश्व-नेता' बन गए होते। कदाचित् हम वह बदलाव ला पाते, जिसपर देश को गर्व होता।

रामानुजन नंबर थ्योरी में अपने योगदान से अपने समय से कहीं आगे थे। वह इस बात से अनभिज्ञ थे कि उनके कार्य से 'सूचना-सुरक्षा' अथवा 'संपत्ति-सृजन' में काम में आने की कितनी संभावनाएँ हैं। उन्होंने जो कुछ किया, केवल अपने कार्य के सौंदर्य एवं शुद्धता की भावना भर से किया। रामानुजन ने जो कहा वह बहुत सारगर्भित है और जो उसमें अंतर्निहित है वह उससे भी कहीं बढ़कर है। उन्होंने जो कुछ पीछे छोड़ा है वह इतनी बड़ी धरोहर है कि आनेवाली बहुत सी पीढ़ियाँ उसे कभी नहीं भुलाएँगी और उनका कार्य गणितज्ञों को सतत प्रेरणा एवं दिशा प्रदान करता रहेगा।

सूचना एवं संचार तकनीकी

सूचना एवं संचार तकनीकी ने यह सिद्ध कर दिया है कि सूचना एक व्यापारिक प्रावधान है, जिससे स्पर्धा में लाभ मिलता है। मुझे पूरा विश्वास है कि इस दशक के अंत तक भारत जैसे देश व्यक्ति-विकास, ग्राहकों से संबंध स्थापित करने, वित्तीय एवं वाणिज्य हिसाब-किताब में, डेटा-खोज एवं मिलान में, ई-शिक्षा में, दूर-चिकित्सा तथा ई-शासन आदि कार्यों में सूचना-तकनीक (Information Technology) का प्रयोग करने में सफल होंगे।

ऊपर दी गई विधाओं के अतिरिक्त, जिन मूलभूत और क्षमताओं में सूचना-संचार तकनीकी का लाभ उठाया जा सकता है। यह क्षेत्र हैं—सूचना-सुरक्षा, आंतरिक बाजार को आगे बढ़ाने वाले वैज्ञानिक-सॉफ्टवेयर का विकास, मनोरंजन, शिक्षा, हार्डवेयर एवं चिप बनाना आदि सम्मिलित हैं। भारत में सॉफ्टवेयर उद्योग इन क्षेत्रों का शोधन कर रहा है, जिससे सन् 2010 तक 80 अरब डॉलर की संपत्ति का सृजन संभव है। मुझे तो पक्का विश्वास है कि समुचित योजना तथा आगे बढ़ने की क्षमता को बढ़ावा देकर हम सन् 2010 तक 150 अरब डालर के लक्ष्य को भी प्राप्त कर सकते हैं।

गणित के पोषण का राष्ट्रीय अभियान

जब हम देश में आई.टी., अंतरिक्ष, सुरक्षा, कृषि तथा शिक्षा संस्थानों के बढ़ते कदमों की चर्चा करते हैं तो कहीं गणित के महत्त्व को पूरा-पूरा पहचानने में भूल करने लगते हैं। गणित में शिक्षा लेने के लिए उन प्रतिभावान् विद्यार्थियों का आना, जो जीवन में इस शुद्ध विषय को छोटी आयु से अंगीकार करें, और भी कठिन होता जा रहा है। ऐसा होने से आनेवाले कुछ ही वर्षों में नया जीवन फूँकने की शक्ति चुक जाएगी और विज्ञान एवं तकनीकी द्वारा बढ़ता सामाजिक परिवर्तन ठहर जाएगा।

हमें देश में अच्छी संख्या में गणितज्ञ बनाने का राष्ट्रीय अभियान चलाना चाहिए और उनके रोजगार की समुचित व्यवस्था बनानी चाहिए। इससे वैज्ञानिक कार्य को बल मिलेगा और हमारे देश में आर्यभट्ट के समय से चली आ रही गणित की परंपरा सुदृढ़ होगी। ऐसा करना नितांत संभव है, क्योंकि हमारा देश कितनी ही शताब्दियों से उच्च स्तरीय गणितीय प्रतिभाओं का घर रहा है। इसका पोषण पूरे विश्व के हित में है।

देश में सैकड़ों ऐसे मस्तिष्क बिखरे हैं। वह उन प्रतिभाशाली वैज्ञानिकों एवं प्राध्यापकों को खोज रहे हैं जो उनके विचारों और योगदान को प्रोत्साहन दें।

अपने बाल-मस्तिष्कों में पल रहे स्वप्नों को ढूँढ़ने और उसको प्रोत्साहन देने के लिए हमें न्यूनतम योग्यता के चक्रव्यूह से बाहर निकलना होगा। देश भर में शिक्षित वर्ग को, उन मस्तिष्कों को, जिनमें उच्च शिक्षा की संभावनाएँ निहित हैं और सृजन-शक्ति संभाव्य मस्तिष्कों को, वह किसी भी क्षेत्र में हों, खोजकर उनका पोषण करना चाहिए।

देश में गणित के पोषण के लिए रामानुजन के प्रति श्रद्धा-स्वरूप मैं निम्नलिखित कार्य-योजना प्रस्तावित कर रहा हूँ—

1. 100 करोड़ रुपए की आरंभिक धनराशि से हमें एक 'रामानुजन संस्थान' का गठन करना चाहिए।
2. संस्थान को गणित की उन्नति के लिए द्विवर्षीय अंतरराष्ट्रीय संगोष्ठियों का आयोजन करना चाहिए और बाल प्रतिभाओं का पता लगाकर उन्हें गणित में अध्ययन करने के लिए प्रोत्साहित करना चाहिए।
3. डी.ए.ई., ए.डी.ए., सी.एस.आई.आर., डी.आर.डी.ओ., डी.एस.टी., आई.एस.आर.ओ. तथा अन्य वैज्ञानिक संस्थाओं को चाहिए कि लंबे समय तक होनहार तरुण गणितज्ञों को गणित के लिए ही अपनी पसंद के स्थान पर काम करने के लिए प्रतिवर्ष कुछ धन की व्यवस्था करें।
4. एक ऐसी क्रिया-विधि का आविष्कार करें जिससे गाँवों, जो छिपे श्रेष्ठ मस्तिष्कों की खान है, से उनका पता लगाकर उन्हें आगे ला सकें।
5. 10 लाख रुपए प्रति वर्ष का 'तरुण गणितज्ञ पुरस्कार' (पैंतीस वर्ष की आयु से कम) के ऐसे श्रेष्ठ गणितज्ञ को प्रदान करें, जिसने गणित में नई लीक डालकर कार्य किया हो।

---

* राष्ट्रपति महामहिम डॉ. अब्दुल कलाम विश्व के उच्च कोटि के वैज्ञानिक तथा विचारक हैं। हमने उन्हें रामानुजन पर तैयार की गई इस हिंदी पुस्तक के बारे में उनके आशीर्वचनों के लिए लिखा था। उत्तर में उन्होंने अपना एक लेख भेजा, जिसे उन्होंने हिंदी में अनुवाद एवं संपादन के पश्चात् पुस्तक में सम्मिलित करने का अनुग्रह किया। यह लेख उनके उस संभाषण की प्रति है, जो उन्होंने 'इंटरनेशनल कॉफ्रेंस ऑन नंबर थ्योरी फॉर सिक्योर कम्युनिकेशन' को 20 दिसंबर, 2003 को दिया था। भारत का विश्व भर में संचार-तकनीकी में उच्च स्थान है। इस लेख में उन्होंने रामानुजन के कार्य का आजकल के संचार-तंत्र में हुए प्रयोग का विशेष वर्णन किया है। तकनीकी के क्षेत्र में दिन-प्रतिदिन बढ़ते कदमों से गणित के अध्ययन तथा शोधकार्य में प्रतिभावान् तरुणों के न आने से भारत में जो दूरगामी प्रभाव होने वाला है, उधर भी उन्होंने ध्यान आकर्षित किया है। उन्होंने भारत में गणित के अध्ययन तथा उच्च कोटि के शोध के पोषण पर बल ही नहीं, सुझाव भी दिए हैं।

प्राक्कथन

गणित के क्षेत्र में शायद ही कोई ऐसा होगा जिसने श्रीनिवास रामानुजन का नाम नहीं सुना होगा! पूरी बीसवीं शताब्दी में विश्व के शीर्षस्थ गणितज्ञों ने उन जैसा चमत्कारक व्यक्तित्ववाला गणितज्ञ दूसरा नहीं देखा। भारत ही नहीं, विश्व के सभी वैज्ञानिकों के लिए वह प्रेरणा तथा श्रद्धा के पात्र रहे हैं और रहेंगे। वह गणिताकाश के ध्रुव तारे हैं। यह पुस्तक उस दिव्य आत्मा, जिनका कृतित्व सदा बड़े-से-बड़े गणितज्ञ को आश्चर्यचकित होने के लिए विवश कर देता है, को अर्पित श्रद्धा-सुमन है।

भारत के बाहर रहकर वहाँ के नवयुवकों तक उनकी अपनी भाषा में यह प्रेरक जीवनी प्रस्तुत करके हमें अपार संतोष का अनुभव हो रहा है। यद्यपि हम दोनों लेखक एक-दूसरे को तभी से जान गए थे, जब हममें से एक आई.आई.टी. दिल्ली तथा दूसरा दिल्ली विश्वविद्यालय में अध्यापन कर रहा था। इस पुस्तक को लिखकर हम दोनों ने एक-दूसरे के निकट आने का भी लाभ उठाया है।

पुस्तक को तैयार करने में विविध प्राप्त स्रोतों से सामग्री ली गई है। पुस्तक साधारण व्यक्ति के लिए लिखी गई है। अंत में रामानुजन के गणित की कुछ झलकियाँ भी दी गई हैं। यह उनके कार्य का क्रमबद्ध प्रस्तुतीकरण नहीं है, बल्कि केवल जिज्ञासा को शमन करने का प्रयास है। कदाचित् केवल हिंदी के माध्यम से उनके कार्य को प्रस्तुत करना असंभव जैसा ही है।

भारत में गणित की बहुत स्वस्थ परंपरा रही है। आज भी हम जैसे गणितज्ञ विश्व के अनेक देशों में इस छवि को बनाए हुए हैं। एक समय था जब गणित केवल गणित के लिए गणितज्ञ करते थे। आज विज्ञान का युग है, और भारत के सशक्त पग उधर बढ़ रहे हैं। पूर्व प्रधानमंत्री माननीय श्री अटल बिहारी वाजपेयी ने देश की मनीषा में श्री लाल बहादुर शास्त्री के दिए नारे 'जय जवान, जय किसान' में 'जय

विज्ञान' जोड़कर भारत का नारा त्रिसूत्री 'जय जवान, जय किसान, जय विज्ञान' बना दिया है। यह हमारे लिए बड़े सौभाग्य की बात है कि हमें श्री वाजपेयी का संदेश पुस्तक में देने का लाभ मिला है। इससे पुस्तक में, नई संतति तक पहुँचने की संजीवनी शक्ति के संचार की अधिक संभावना है।

यह भी बड़े सौभाग्य की बात है कि आज देश के शीर्षस्थ स्थान पर एक वैज्ञानिक राष्ट्रपति का पद सुशोभित कर रहे हैं। वह सदा से नई पीढ़ी तथा देश की उन्नति के लिए अग्रसर रहे हैं। रामानुजन उनके लिए प्रतीक हैं देश की उस प्रतिभा के जिसको देश के वैज्ञानिकों को, नेताओं को, समाज को पहचानना है और ऐसी प्रतिभाओं को पूरा अवसर प्रदान करना है। उन्होंने कृपा करके अपना वह लेख पुस्तक में सम्मिलित करने के लिए भेजने का अनुग्रह किया जिसमें रामानुजन के नंबर-थ्योरी में किए कार्य का आज के संचार-तंत्र में प्रयोग हो रहा है। उनका लेख रामानुजन से विज्ञान के लिए गणित की परमावश्यकता के विषय पर जाता है। अब जब देश के प्रतिभाशाली नवयुवक वह विषय चुन रहे हैं, जो उनको नौकरी अथवा उद्योग में सहायक हों। गणित में उन्नत प्रतिभाओं का आना कम हो गया है। देश को आवश्यक है कि वह ऐसी समुचित व्यवस्था करे कि गणित में शोध और सृजन की सुरसरि अबाध बहती रहे। यह लेख सम्मान सहित इस पुस्तक के प्रारंभ में दिया गया है और वास्तव में उस ध्येय की स्पष्ट पूर्ति करता है, जिसको लेकर ही लेखकों ने यह प्रयास किया है।

प्रो. हार्डी का रामानुजन के कार्य से अटूट संबंध है। उन्होंने रामानुजन को निखारा और एक श्रेष्ठ निष्ठा से उनके कार्य को गणित-जगत् के सम्मुख रखा। इसी कोटि में दूसरा स्थान प्रो. जॉर्ज एंड्रूज का आता है, जिन्होंने सन् 1976 में रामानुजन के विलुप्त कार्य को 'लॉस्ट बुक ऑफ रामानुजन' के रूप में खोजकर विश्व के सम्मुख रखा। यह बहुत सौभाग्य की बात है कि उन्होंने उत्साह से इस पुस्तक की शुभाशंसा लिखी एवं चित्र प्राप्त कराए।

रामानुजन का नाम मन में एक ऐसी स्फूर्ति भर देता है, जो जीवन में रस एवं उत्साह का प्रादुर्भाव करने में समर्थ है। यह विडंबना ही है कि भारत के युवा वैज्ञानिकों को मार्ग दिखानेवाले इस व्यक्ति पर हिंदी में कोई पुस्तक नहीं है। अंग्रेजी में भारत से बाहर उनके जीवन पर कई पुस्तकें प्रकाशित हैं, लेख तो अनेक हैं। विश्व की अन्य भाषाओं में भी उनकी जीवनियाँ प्रकाशित हैं। उनके जीवन-प्रसंग असाधारण रूप से प्रेरक हैं और उनके शोधों में अद्भुत विलक्षणता है। उनकी जन्म-शताब्दी के अवसर पर उनके जीवन पर ब्रिटिश टेलीविजन ने

एक वृत्त-चित्र भी बनाया है, जो विश्व के विभिन्न देशों में टेलीविजन पर दिखाया गया है।

हमें विश्वास है, प्रस्तुत पुस्तक भारत की नई पीढ़ी के लिए प्रेरणा का स्रोत बनेगी।

नरेन्द्र कुमार गोविल
गणित एवं सांख्यिकी विभाग
आबर्न यूनिवर्सिटी,
आबर्न, अलाबामा,
यू.एस.ए.
govilnk@mail.auburn.edu

भूदेव शर्मा
गणित विभाग
क्लार्क अटलांटा यूनिवर्सिटी
अटलांटा, ज्योर्जिया,
यू.एस.ए.
bhudev_sharma@yahoo.com

अनुक्रम

1. रामानुजन—पहली दृष्टि में 25
2. रामानुजन का जन्म एवं परिवार 28
3. आरंभिक शिक्षा 32
4. प्रारंभिक शोध कार्य 36
5. रामानुजन और अध्यात्म 39
6. सर्वप्रिय रामानुजन 42
7. विवाह एवं नौकरी की खोज 44
8. जीवन में एक नया मोड़ 49
9. मद्रास पोर्ट ट्रस्ट में क्लर्की 52
10. मद्रास पोर्ट ट्रस्ट में गणित करने का प्रोत्साहन 56
11. प्रो. हार्डी की संक्षिप्त जीवनी 60
12. प्रो. हार्डी से संपर्क के सूत्र 63
13. इंग्लैंड जाने का निर्णय अभी नहीं 67
14. मद्रास विश्वविद्यालय में शोध-वृत्ति 70
15. हार्डी से आगे के पत्र-व्यवहार और नेविल 73
16. इंग्लैंड जाने की पृष्ठभूमि वह स्वप्न जिसने यह साकार कर दिया 76
17. धन की समस्या 79
18. इंग्लैंड के लिए प्रस्थान 82
19. इंग्लैंड में पदार्पण, कैंब्रिज में कार्य आरंभ 84
20. विभिन्न गणितज्ञों के प्रारंभिक विचार 86
21. महालनोबीस से भेंट और 'लॉउवेन-स्ट्रीट प्रॉब्लम' पहेली 88
22. प्रो. हार्डी के साथ कार्य आरंभ 90

23. रामानुजन के विविध कार्यक्षेत्र 94
24. प्रथम विश्वयुद्ध और रामानुजन के शोध में प्रगति 96
25. रामानुजन की छात्रवृत्ति का बढ़ना और उन्हें बी.ए. की उपाधि 99
26. पश्चिमी वातावरण में रामानुजन का जीवन 101
27. भारत में उनके पीछे घर का वातावरण 105
28. रामानुजन बीमार 107
29. ट्रिनिटी की फेलोशिप नहीं, आत्महत्या का प्रयास और 'रॉयल सोसाइटी के फेलो' का सफल चुनाव 109
30. सुधरती हालत 112
31. भारत लौटने की तैयारी एवं भारत आगमन 115
32. बिगड़ता स्वास्थ्य 119
33. बीमारी की स्थिति में भी उत्कट शोध 121
34. अंत 124
35. शोक संताप 126
36. मृत्यु के पश्चात् रामानुजन के परिवार की स्थिति 129
37. जानकीअम्मल 130
38. गणित पर रामानुजन का कार्य 134
39. विलुप्त रही नोट-बुक की झलक 142
40. रामानुजन के गणित-कार्य की एक झलक 144

श्रीनिवास रामानुजन पर संदर्भ-सामग्री 156

1

रामानुजन–पहली दृष्टि में

किसी भी विषय में विशिष्ट ख्याति पाने के साथ असाधारण प्रतिभा से विभूषित व्यक्ति बहुत ही कम होते हैं। समय के साथ ओझल होना भी नियम ही है, परंतु विश्व-गणित मंडल में उज्ज्वल प्रतिभा के धनी श्रीनिवास रामानुजन इस नियम के अपवाद हैं। केवल तैंतीस वर्ष की अल्प आयु पानेवाले एवं पराधीन भारत में दरिद्रता के स्तर पर विवशताओं के मध्य पले-बढ़े रामानुजन ने गणित पर अपने शोधों से तथा उनके पीछे छिपी अपनी विलक्षणता की जो छाप छोड़ी है, उसे जानने के बाद किसी को भी आश्चर्य होना स्वाभाविक है। यह कहना अतिशयोक्ति नहीं होगी कि उन जैसे व्यक्ति संसार में कभी-कभी ही जन्म लेते हैं। उनके जीवन में झाँकना तथा कार्य से अवगत होना एक दिव्य विभूति के निकट जाने जैसा है। यदि आज श्रीकृष्ण अर्जुन के सामने 'गीता' के दसवें अध्याय के 'विभूतियोग' का वर्णन करते तो यह अवश्य कहते, 'गणितज्ञानां अहं रामानुजन अस्मि—अर्थात् गणितज्ञों में मैं रामानुजन हूँ।'

उनके विद्यार्थी जीवन की एक घटना है। उनकी कक्षा में गणित के अध्यापक ने कहा कि यदि 3 केलों को 3 बच्चों में बराबर-बराबर बाँटा जाए तो प्रत्येक बच्चे को 1-1 केला मिलेगा। फिर अध्यापक ने इसका व्यापीकरण किया। इसपर रामानुजन का प्रश्न था, 'तो यदि केलों को शून्य बच्चों में बराबर-बराबर बाँटा जाए, तब भी क्या प्रत्येक बच्चे को एक-एक केला मिलेगा?' इससे स्पष्ट होता है कि शैशवकाल से ही रामानुजन की बुद्धि शून्य के विशेष स्थान की ओर संकेत कर रही थी।

संख्याओं से रामानुजन का मानो अटूट तादात्म्य संबंध बन गया था। अंक 7 की वह बड़ी रहस्यमयी बातें करते थे। उन्हें भारतीय मिथ में आए सप्तर्षि आदि में 7 की संख्या का सृष्टि में विशेष स्थान लगता था। चार अंकों—1, 2, 7 और 9—को वह किन्हीं कारणों से बहुत महत्त्वपूर्ण मानते थे।

संख्याओं के बारे में विलक्षण तथ्य अनायास ही बता देना उनकी प्रकृति का अंग बन गया था। उनके जीवन में विशेष भूमिका निभानेवाले कैंब्रिज विश्वविद्यालय के स्वनामधन्य प्रो. हार्डी से बहुधा उनकी वार्त्ता का विषय संख्याएँ एवं उनसे संबंधित शोध प्रश्न ही रहते थे। रामानुजन के जीवन के संध्या-काल की एक घटना ने उन्हें भी चकित कर दिया था। वह बीमार अवस्था में लंदन के अस्पताल में थे। श्री जी.एच. हार्डी उनसे मिलने टैक्सी में गए। टैक्सी का नंबर था 1729। बातें संख्याओं पर होनी ही थीं और हार्डी के मन में यही संख्या घूम रही थी। अतः उन्होंने टैक्सी का नंबर (1729) बताने के साथ-साथ यह भी कहा कि इस संख्या में उन्हें कोई विशेषता नहीं लगती। परंतु रामानुजन ने रुग्ण अवस्था में भी उनको विस्मित करते हुए तुरंत कहा कि यह संख्या तो असाधारण है। यह वह संख्या है, जो दो विभिन्न प्रकार से दो संख्याओं के घन का योग है—

$$1729 = 1^3 + 12^3 = 9^3 + 10^3$$

उनका यह अनायास कथन आज भी चौंका देनेवाला है। बाद में 'इलिप्टिक कर्व' को ठीक से समझाने के लिए जे.एच. सिल्वरमैन ने इस प्रसिद्ध कथानक का प्रयोग किया है।

रामानुजन नितांत अकेले रहकर इंग्लैंड में शोध कार्य में लगे थे। जिस गति से वह नए-नए सूत्र लिखते जा रहे थे, उनका उस गति से लेखन अथवा प्रकाशन संभव ही नहीं था। उनके शोध-सूत्रों की एक पूरी पुस्तक की सामग्री उनकी मृत्यु के बाद तीस वर्ष तक इंग्लैंड के सुप्रसिद्ध गणितज्ञ जॉर्ज वाटसन के पास दबी पड़ी रही। वाटसन की मृत्यु के पश्चात् वह कैसे प्रकाश में आई, इसकी भी एक रोचक कहानी है, जो पाठकों को आगे पढ़ने को मिलेगी। इस 'लॉस्ट बुक ऑफ रामानुजन' ने उनके द्वारा बनाए गणित भंडार को और भी अधिक समृद्ध कर दिया है।

अपने अल्प जीवन में उन्होंने जो कार्य किया, उसपर काफी कार्य हुआ है और हो रहा है। वास्तव में उनके कतिपय सूत्रों का विधिवत् स्थापन अभी तक नहीं हो पाया है। उन्होंने उन्हें कैसे लिख दिया, यह एक विस्मय की बात है। इस विस्मय पर उनसे प्रश्न भी किए गए। उनके पास इन प्रश्नों का एक सीधा समाधान था। वह कहते थे कि स्वप्न में अपनी इष्टदेवी से उन्हें वे सूत्र प्राप्त होते हैं। इससे उनके जीवन की अध्यात्म-प्रेरणा का भी आभास होता है। प्रिंसटन विश्वविद्यालय के 'इंस्टीट्यूट फॉर एडवांस्ड स्टडी' के प्रो. फ्रीमैन जे. डाइसन के अनुसार, 'रामानुजन की सबसे आश्चर्यजनक बात यह है कि उन्होंने बहुत कुछ खोजा और साथ ही कहीं अधिक खोजों के उपवन में औरों को खोजने के लिए छोड़ दिया।'

जे.ई. लिटिलवुड

प्रो. हार्डी ने रामानुजन की तुलना अन्य गणितज्ञों से एक विशेष प्रकार से की थी। उनका कहना था यदि 0 से 100 तक विभिन्न व्यक्तियों को प्रतिभा के आधार पर अंक दिए जाएँ तो 'वह स्वयं को 25, लिटिलवुड को 30, जर्मनी के गणितज्ञ डी. हिल्वर्ट को 80 तथा रामानुजन को 100 अंक क्रमश: देंगे।' उल्लेखनीय है कि उन्होंने सिर्फ रामानुजन को पूरे-के-पूरे अंक दिए, अन्य किसी को नहीं, स्वयं को भी नहीं। अत: वह रामानुजन में पूरे गणितज्ञ की छवि देखते थे।

उनके गणित के शोधों को हिंदी में अथवा अन्य किसी भी भारतीय भाषा में सुगम व ग्राह्य रूप से प्रस्तुत करना किसी साधारण व्यक्ति के लिए एक बड़ी चुनौती है, परंतु इसकी आवश्यकता है। जिससे समय पर प्रेरणा लेकर नई संतति में वैज्ञानिक दृष्टि एवं प्रखरता का विकास किया जा सके। उनके जीवन की विलक्षणताओं से प्रभावित होकर पत्रकार कैनिगल ने बहुत परिश्रम करके एक बड़ी अच्छी पुस्तक 'द मैन हू न्यू इनफिनीटी' (वह पुरुष, जो अनंत से परिचित था) से लिखी है। भारत के बाहर हमें कोई ऐसा गणितज्ञ नहीं मिला, जिसने उनको नहीं पढ़ा हो और पढ़कर रामानुजन को सराहा न हो।

भारत में तथा संपूर्ण विश्व के गणित जगत् में उनकी मृत्यु का शोक छा गया था। शोक-सभाओं का आयोजन हुआ था। कुछ समाचार-पत्रों में उनकी जीवनी छपी, जिसमें इस बात का विशेष उल्लेख रहा कि किस प्रकार एक अत्यंत निर्धन परिवार में जनमे, स्कूल की शिक्षा से भी वंचित एक नवयुवक ने बत्तीस वर्ष की आयु में गणित जगत् में असाधारण नाम कमाया। इंग्लैंड जाकर वहाँ से बी.ए. ही नहीं पूरा किया, रॉयल सोसाइटी की फैलोशिप से भी विभूषित हुए, और मद्रास विश्वविद्यालय में गणित के प्राध्यापक पद पर नियुक्त हुए।

☐

2

रामानुजन का जन्म एवं परिवार

रामानुजन का जन्म 22 दिसंबर, 1887 को सायंकाल इरोड नामक ग्राम, जिला कोयंबटूर में अपने नाना के घर पर हुआ था। उनकी माता का नाम कोमलताम्मल तथा पिता का नाम के. श्रीनिवास आयंगर था। जन्म के समय उनके पिता की उम्र चौबीस वर्ष एवं माता की उम्र बीस वर्ष के लगभग थी। दोनों ही सम्माननीय ब्राह्मण परिवारों के थे। पिता कुंभकोणम नगर में कपड़े के एक व्यापारी की दुकान पर, अपने पिता कुप्पुस्वामी की भाँति, मुनीम थे। पिता का वेतन बहुत कम रहा होगा।

कुंबेश्वरा मंदिर

कुंभकोणम में कावेरी एवं अरसलार नदियों का संगम है। कावेरी नदी के तट से कुछ दूरी पर शार्ङ्गपाणि सन्निधि सड़क पर पाम के पत्तों से छाया हुआ रामानुजन का पैतृक घर था। कुंभकोणम चोल साम्राज्य, जो ई. सन् 1000 के लगभग अपनी पराकाष्ठा पर था, की राजधानी रहा है। रामानुजन के बाल्यकाल में इसकी जनसंख्या लगभग 50,000 से कुछ अधिक रही होगी। चोल साम्राज्य के समय से चले आ रहे लगभग एक दर्जन मंदिरों के कारण यह नगर पर्यटन का केंद्र एवं धार्मिक स्थल रहा है। प्रत्येक बारह वर्षों में मकर संक्रांति के अवसर पर यहाँ, जल-प्लावन के समय एक घड़े (कुंभ) में, समस्त प्राणियों के अंश सुरक्षित आने तथा शिव द्वारा अपने बाण से

उसे छेदने की पौराणिक कथा के अनुसार, महाम्मखम पर्व मनाया जाता है। कुंभ का अमृत महाम्मखम सरोवर में जमा हो गया था, ऐसा विश्वास है। इस पर्व पर वहाँ रामानुजन के समय में लगभग आठ लाख यात्री आते थे।

रामानुजन के पिता श्रीनिवास जीवनपर्यंत मुनीम ही रहे। साड़ियों की दुकान पर वह प्रातः पहुँच जाते तथा संध्या को बही-खाता पूरा करके अथवा तकाजा करके देर से ही लौटते। इस प्रकार वह रामानुजन के निकट बहुत कम ही रहे। हाँ, रामानुजन के जीवन एवं आदर्शों पर माँ का काफी प्रभाव पड़ा।

रामानुजन से दस एवं सत्रह वर्ष छोटे उनके दो भाई क्रमशः लक्ष्मी नरसिंह एवं तिरुनारायण थे। उनके जन्म के डेढ़ वर्ष एवं चार वर्ष पश्चात् उनकी माँ ने एक अन्य पुत्र एवं पुत्री को जन्म दिया था; परंतु वे दोनों बचपन में ही चल बसे, अतः दस वर्ष की आयु तक वह परिवार में वात्सल्य-प्रेम के एकमात्र केंद्र रहे। प्यार से माँ उन्हें चिन्नास्वामी (बाल-भगवान्) कहकर संबोधित करती थीं। स्वभाव से वह हठी एवं मनमौजी बालक थे। बचपन में इरोड में घर से बाहर वह मंदिर के अतिरिक्त कहीं भोजन नहीं करते थे। उनके बचपन के कुछ विषम व्यवहारों में यह बताया जाता है कि कुंभकोणम में वह घर के ताँबे एवं पीतल के सभी बरतन एक पंक्ति में लगा दिया करते थे। भोजन में मनपसंद भोजन का आग्रह करते थे और मनपसंद खाना न मिलने पर वह क्रोध से धूल में लेट जाया करते थे।

स्वभाव से मननशील एवं मितभाषी रामानुजन को प्रश्न पूछना बहुत पसंद था। उनके प्रश्न बड़े अटपटे होते थे—संसार में प्रथम पुरुष कौन था? धरती और बादलों के बीच कितनी दूरी होती है? आदि। खेल-कूद में उन्हें कोई रुचि नहीं थी। एक ऐसे समाज में, जहाँ लगभग सभी पतले-दुबले थे, रामानुजन बचपन से ही स्थूल शरीर के रहे। हँसी में अथवा डींग मारते हुए वह अकसर कहा करते थे कि यदि कोई लड़का उनसे झगड़ा करेगा तो वह उसपर सिर्फ गिरकर ही उसका कचूमर निकाल देंगे।

रामानुजन और उनकी माता, जो एक संभ्रांत एवं कुशल गृहिणी थीं, एक-दूसरे की भावनाओं को अच्छी तरह समझते थे। रामानुजन की छवि अपनी माँ से मिलती थी। बचपन में वह उन्हीं के साथ शेर-बकरी अथवा इक्कल-दुक्कल का खेल खेलते थे। माँ के परिवार में संस्कृत के अध्ययन की अच्छी परंपरा थी। माँ के पिता (नाना) नारायण आयंगर इरोड में जाने-माने सरकारी अमीन थे।

रामानुजन अपनी माँ के चरण-स्पर्श कर उनसे आशीर्वाद पाने के बाद ही दिन आरंभ करते थे। माँ रामानुजन को दही-भात खिलातीं, उनके बाल सँवारतीं,

उनको धोती (वेष्टी) पहनातीं, उनके माथे पर नियम से टीका लगातीं और उन्हें स्कूल पहुँचाने जातीं।

रामानुजन की माँ भगवान् की अनन्य भक्त थीं। वह अपने घर पर पूजा-पाठ करतीं एवं मंदिर में भजन गाती थीं। वे रामानुजन को महाभारत, रामायण, विक्रमादित्य आदि की कथा-कहानियाँ सुनाया करतीं। वे ज्योतिष एवं हस्तरेखा की जानकार थीं।

भारत के परंपरागत परिवारों में कुलदेवी अथवा कुलदेवता की परिपाटी है। रामानुजन की कुलदेवी का नाम नामगिरी था, जिन्हें विष्णु के एक अवतार नृसिंह भगवान् की अर्धांगिनी माना जाता है। नामगिरी देवी का मंदिर कुंभकोणम से लगभग 160 कि.मी. दूर नामक्कल में स्थित है। देवी नामगिरी का नाम सदा उनकी माता के होंठों पर रहता था। जब विवाह के बाद कुछ समय तक कोई संतान नहीं हुई तो रामानुजन के माता-पिता ने कुलदेवी नामगिरी देवी से संतान के लिए प्रार्थना की थी। कहते हैं कि एक बार रामानुजन की नानी को वह स्वप्न में आकर कह गई थीं कि वह उनकी पुत्री के पुत्र के रूप में प्रकट होंगी। बाद में इसी कुलदेवी को स्वयं रामानुजन अपने शोध कार्य की दायित्री मानते थे। वह कहा करते थे कि नामगिरी देवी उनकी जिह्वा पर गणित के सूत्र लिख जाती हैं और स्वप्न में उन्हें गणित में नई पैठ कराती हैं। कहा जाता है कि प्रात:काल ही रामानुजन बिस्तर से उठकर गणित के सूत्र लिखकर उनको सिद्ध करने में लग जाते थे। ऐसा भी बहुत बार हुआ है कि उन्होंने सूत्र तो लिख दिया, लेकिन उसका उचित प्रमाण या उपपत्ति (proof) नहीं दिया अथवा नहीं दे पाए।

कहते हैं कि रामानुजन की नानी, श्रीमती रंगाम्मल, एक साध्वी थी। समाधि की स्थिति में पहुँचकर वह देव-दर्शन करने में समर्थ थीं। देवी नामगिरी से वह समाधिस्थ स्थिति में बातें करती थीं।

वह लगभग पाँच वर्ष कैंब्रिज में रहे। उनके जीवन में महत्त्वपूर्ण भूमिका निभानेवाले प्रो. गोडफ्रे हार्डी ने अपने संस्मरणों में लिखा है कि रामानुजन अपने इंग्लैंड प्रवास के दौरान केवल शाकाहारी ही नहीं रहे अपितु सदा अपना भोजन स्वयं बनाते रहे।

रामानुजन को अध्यात्म, धार्मिक आचरण एवं ईश्वर-भक्ति माँ के सान्निध्य से मिली थी। वह भजन गाते थे, पूजा-पाठ करते थे, मंदिर जाते थे, सदा शाकाहारी भोजन ही करते थे तथा व्यर्थ की बातों में अपना समय नष्ट नहीं करते थे। संक्षेप में कहें तो वह एक शुद्ध, संस्कारित, शाकाहारी ब्राह्मण थे। वह सिर मुँड़ाकर चोटी

रखते थे, घर तथा मंदिरों में भजन गाते थे, पूजा-पाठ करते थे। उन्होंने दक्षिण भारत के लगभग सभी धार्मिक स्थानों के दर्शन भी किए थे।

भारतीय प्रणाली तथा बहुत से शोध करनेवाले व्यक्ति सर्जक विचार अथवा चिंतन के दो रूप मानते हैं—तर्क पर आधारित तथा ध्यान-योग पर आधारित। बहुधा नए विचार ध्यान-योग से एक बिजली की कौंध अथवा लहर की तरह उनके मस्तिष्क में आते हैं। उनको विद्वत् समाज के सम्मुख रखने के लिए उन्हें तर्कबुद्धि का सहारा लेना होता है। रामानुजन में इन दोनों सृजन विधाओं का अद्‌भुत सामंजस्य देखने को मिलता है। वास्तव में उनके द्वारा दिए गए अधिकतर सूत्र ध्यान-योग की देन अथवा उपज मानना अधिक उचित होगा।

□

3
आरंभिक शिक्षा

तीन वर्ष की अवस्था तक रामानुजन ने बोलना आरंभ नहीं किया तो माता-पिता को उनके गूँगा होने की आशंका हुई। बड़ों की सलाह पर उनका विधिवत् अक्षर-अभ्यास संस्कार कराया गया। घर में ही तमिल भाषा का ज्ञान प्राप्त करने के पश्चात् अक्तूबर 1892 में विजयादशमी के दिन वैदिक मंत्रोच्चार के साथ पाँच वर्षीय रामानुजन को स्थानीय पाठशाला में प्रवेश दिलाया गया। परंतु स्कूल में उनका मन नहीं लगता था।

पारिवारिक कारणों से वह तीन वर्षों तक थोड़े-थोड़े समय तक कुंभकोणम, कांचीपुरम तथा मद्रास (चेन्नई) के स्कूलों में गए। कांचीपुरम में उनकी शिक्षा का माध्यम तेलुगु भाषा रही। सन् 1895 के उत्तरार्द्ध में वह कुंभकोणम के कंगायन प्राइमरी स्कूल में अध्ययन करने लगे। यद्यपि तब अंग्रेजी पढ़ने का प्रचलन बहुत नहीं था, तथापि उस स्कूल में उन्होंने अंग्रेजी की भी शिक्षा ली।

दस वर्ष के होने से कुछ पहले ही उन्होंने अंग्रेजी, तमिल, गणित एवं भूगोल विषयों से प्राइमरी की परीक्षा उत्तीर्ण की और पूरे जिले में प्रथम स्थान प्राप्त किया। आगे की शिक्षा के लिए वह अपने घर के निकट ही स्थित टाउन हाई स्कूल पहुँचे। इसमें नगर के मेधावी बच्चे ही प्रवेश ले पाते थे और यहाँ से निकलनेवाले विद्यार्थी अच्छे पदों पर पहुँचते थे। उनके समय में इसके प्राचार्य श्री कृष्णास्वामी अय्यर थे। वह एक अनुशासनप्रिय शिक्षाविद् थे। 'होनहार बिरवान के होत चीकने पात' कहावत के अनुसार दस वर्ष की आयु में प्रवेश पानेवाले रामानुजन की पहचान बननें लगी। दूसरे वर्ष में ही उनके सहपाठी उनसे गणित में सहायता के लिए जुटने लगे। शीघ्र ही, तीसरे वर्ष में उन्होंने अपने अध्यापकों से कठिन-कठिन प्रश्न पूछने आरंभ कर दिए।

उन्हें गणित के प्रति केवल रुचि ही नहीं थी बल्कि एक स्पर्धा का भाव भी

था। वह उसमें सब विद्यार्थियों से अच्छे अंक प्राप्त करना चाहते थे। सन् 1897 में वह नौ वर्ष के थे और तब उन्होंने प्राइमरी की परीक्षा दी थी। उस परीक्षा में गणित में उन्हें 45 में से 42 अंक मिले तथा एक अन्य विद्यार्थी, सारंगपाणि आयंगर, को 43। रामानुजन को बहुत ठेस लगी। वह क्रुद्ध हुए। सारंगपाणि के यह कहने पर कि अन्य विषयों में उनके अंक उससे अधिक हैं, वह संतुष्ट नहीं हुए।

कमजोर आर्थिक स्थिति के कारण रामानुजन के अभिभावक विद्यार्थियों को अपने यहाँ रख लेते थे। जब रामानुजन लगभग ग्यारह वर्ष के थे, तब वहाँ सरकारी कॉलेज के दो विद्यार्थी रहते थे। इनमें से एक त्रिचनापल्ली का रहनेवाला था तथा दूसरा त्रिनुवेलि का। गणित में रामानुजन की विशेष रुचि देखकर उन्होंने रामानुजन को कॉलेज के पाठ्यक्रम के गणित की जानकारी दी। रामानुजन कुशाग्र बुद्धि के तो थे ही, उन्होंने स्कूल में रहते हुए ही उस स्तर के गणित को शीघ्र ही आत्मसात् कर लिया। परीक्षाओं को वह नियत समय के आधे समय में ही पूरा कर लेते थे। उनसे दो वर्ष आगे की कक्षाओंवाले विद्यार्थी उनके सम्मुख गणित की अपनी कठिनाइयाँ प्रस्तुत करते और रामानुजन उन्हें आसानी से हल कर देते थे।

इस बीच रामानुजन ने अपने से एक बड़े विद्यार्थी से घात-तीन के (cubic) समीकरणों का हल निकालना भी सीख लिया। त्रिकोणमितीय फंक्शनों (जैसे—sine, consine of an angle) को उन्होंने केवल त्रिकोण की भुजाओं के अनुपात के रूप में, जैसा साधारणतया पहले स्तर पर होता है, न जानकर उनको अनंत श्रेणियों के रूप में भी भली प्रकार जान लिया था।

स्कूल में उनकी प्रतिभा का सिक्का जम गया था। बारह सौ विद्यार्थियों वाले इस स्कूल की समय-सारिणी तैयार करने की जटिल समस्याओं का भी हल वह तुरंत निकालकर गणित के वरिष्ठ अध्यापक श्री गणपति सुब्बियार की सहायता करते थे। चौथी कक्षा तक पहुँचते-पहुँचते उनका मस्तिष्क गणित में इतना रच-बस गया था कि बहुधा अध्यापक तथा अन्य विद्यार्थी उनकी बातें कठिनाई से समझ पाते थे। इसलिए वे उनका सम्मान करते थे।

पूरे स्कूल में उनकी प्रतिभा की धाक थी। यहाँ छह वर्षों में उन्होंने मेधावी छात्र के रूप में कितने ही पुरस्कार जीते। उन पुरस्कारों में अंग्रेजी कविताओं की अनेक पुस्तकें प्राप्त कीं। दिसंबर 1903 में उन्होंने मद्रास विश्वविद्यालय से दसवीं कक्षा की परीक्षा उत्तीर्ण की।

अपने इस विद्यार्थी काल में उनकी असाधारण प्रतिभा ने सब पर अपनी छाप छोड़ी। सन् 1904 में जब एक आयोजन में उन्हें गणित में 'रंगनाथ राव पुरस्कार'

दिया जा रहा था, तब स्कूल के प्राचार्य श्री कृष्णास्वामी अय्यर ने भरी सभा में कहा था कि उस स्कूल की परीक्षा के मापदंड उनके लिए कोई अर्थ नहीं रखते। रामानुजन अधिकतम अंकों से कहीं अधिक अंकों के योग्य हैं और 100 प्रतिशत अंक उनका समुचित मूल्यांकन नहीं करते। उनकी योग्यता स्कूल के गणित में पूर्ण ज्ञान से कहीं आगे है।

हाई स्कूल की परीक्षा के बाद उन्हें सुब्रमण्यम छात्रवृत्ति मिली, जो गणित एवं अंग्रेजी में अच्छे अंक आने पर दी जाती थी। उन्होंने गवर्नमेंट कॉलेज में आगे की शिक्षा के लिए प्रवेश लिया।

रामानुजन गणित में इतने तल्लीन हो गए कि अन्य विषयों—अंग्रेजी, इतिहास आदि की कक्षा में भी वह गणित के शोध में ही लगे रहते। इस बीच उन्होंने गणित के अपने अध्यापक श्री पी.वी. शेषु अय्यर को अनंत श्रेणियों (Infinite Series) पर कई सूत्र दिखाए, जो उन्होंने स्वयं निकाले थे। श्री अय्यर ने उनकी सराहना की और अन्य विषयों पर भी ध्यान देने की सलाह दी। परंतु रामानुजन अन्य विषयों में न कक्षाओं में कुछ सीख पाए और न ही गणित के अतिरिक्त अपना मन किसी अन्य विषय में लगा पाए। मनोविज्ञान तो उन्हें एकदम पसंद नहीं था। उसका एक कारण यह भी था कि इसमें शरीर के विभिन्न अंगों के चित्र बनाने होते थे। उनका विश्लेषणात्मक मस्तिष्क इस प्रकार केवल स्मरण मात्र रखनेवाले विषय में कोई रुचि नहीं रखता था। गणित के अतिरिक्त अन्य सभी विषयों की परीक्षाओं में उनके अंक अच्छे नहीं रहे, फलतः वे ग्यारहवीं कक्षा की परीक्षा में गणित के अतिरिक्त सभी विषयों में अनुत्तीर्ण रहे। इस प्रकार वे बारहवीं कक्षा में नहीं पहुँच पाए और उनकी छात्रवृत्ति समाप्त हो गई।

छात्रवृत्ति समाप्त होने पर उनकी माँ को स्कूल प्रबंधन पर क्रोध आया। उन्होंने स्कूल के प्रधानाध्यापक से मिलकर गणित में अद्वितीय प्रतिभा का तर्क देकर छात्रवृत्ति समाप्त न करने की विनती की। प्रधानाध्यापक विवश थे। उन्होंने ऐसा कर पाने में अपनी असमर्थता व्यक्त की। रामानुजन एफ.ए. (First Arts = Class 12) की परीक्षा में सफल नहीं हो पाए।

छात्रवृत्ति रामानुजन के लिए केवल सम्मान की बात नहीं थी। एक सत्र की फीस बत्तीस रुपए होती थी और उनके पिता को लगभग बीस रुपए प्रतिमाह ही वेतन मिलता था। उस समय घर की आर्थिक स्थिति इतनी बिगड़ी हुई थी कि घर के सभी सदस्यों को भरपेट भोजन भी मिलना कठिन था।

रामानुजन ने इस बीच अपनी आर्थिक स्थिति को ठीक करने के कुछ प्रयत्न

भी किए। गणित के ट्यूशन तथा बही-खाते लिखने एवं मिलाने का काम उन्होंने ढूँढ़ा। कुछ विद्यार्थी गणित पढ़ाने के लिए मिले भी, लेकिन पढ़ाते-पढ़ाते वह इतने लीन हो जाते कि इस बात की भी सुधि नहीं रहती कि वह हाई स्कूल के विद्यार्थियों को पढ़ा रहे हैं। वह साधारण प्रश्नों को भी कई तरह से समझाने लगते, जिससे बेचारा विद्यार्थी उलझ जाता।

हताश मन:स्थिति और पिता पर बोझ न बने रहने की बात उनके मन में थी। उन्होंने नौकरी की खोज आरंभ की। तब अपने किसी मित्र की सलाह पर वे विशाखापट्टनम पहुँच गए। उनके इस प्रकार चले जाने से उनके माता-पिता बहुत दु:खी हुए। निकट के स्थानों में तथा मद्रास में उनकी खोज की गई, मगर वह नहीं मिले। कुछ समय तक भटकने के पश्चात् वह लौट आए और पुनः कॉलेज जाने लगे। परंतु कक्षाओं में उपस्थितियाँ कम होने के कारण वह सन् 1905 की परीक्षा नहीं दे पाए।

पढ़ने की अपनी अभिलाषा को पूर्ण करने के लिए सन् 1906 में उन्होंने मद्रास के पचयिप्पा कॉलेज में ग्यारहवीं कक्षा की पढ़ाई के लिए जाने का निश्चय किया। वहाँ पर उन्होंने रजिस्टर में लिखे अपने नए सूत्र गणित के अध्यापक श्री एन. रामानुजाचारियार को दिखाए। श्री रामानुजाचारियार उनसे प्रभावित हुए और रामानुजन को कॉलेज के प्रधानाध्यापक से मिलवाया। प्रधानाध्यापक ने एक छोटी राशि की छात्रवृत्ति उनको दे दी। परंतु कुछ समय बाद बीमार हो जाने पर उन्हें पढ़ाई छोड़कर कुंभकोणम लौट आना पड़ा। सन् 1907 में उन्होंने एफ.ए. (बारहवीं कक्षा) की परीक्षा असंस्थागत (प्राइवेट) विद्यार्थी के रूप में दी और अनुत्तीर्ण रहे। बस, यहीं उनके विद्यार्थी जीवन में विधिवत् विद्यार्जन की इतिश्री हुई।

इसके पश्चात् उनके जीवन की दशा बदली। घोर अनिश्चितता एवं मानसिक असंतुलन ने उनके जीवन में पदार्पण किया। यहाँ से उनका भाग्यचक्र बदला और जीवन में विफलताओं व कष्टों का क्रम आरंभ हुआ, जो उनके जीवन के साथ ही समाप्त हुआ। हाँ, सब कठिनाइयों और काफी उथल-पुथल के बीच भी उन्होंने गणित में कार्य करना जारी रखा। वह नए सूत्र एक रजिस्टर में लिख लेते थे।

□

4
प्रारंभिक शोध कार्य

रामानुजन के शोध कार्य का आरंभ उनके स्कूल के विद्यार्थी-काल से ही मानना चाहिए। रामानुजन तब तेरह वर्ष के रहे होंगे, स्कूल में पढ़ते समय ही उन्होंने अध्यापकों से विचित्र प्रश्न पूछने एवं गणितीय अभ्यासों के सरल हल निकालने आरंभ कर दिए। जैसा हम पहले बता चुके हैं, उनके घर में दो युवा विद्यार्थी रहते थे। उन विद्यार्थियों से उन्होंने पुस्तकालय से कुछ अन्य पुस्तकें लाने का आग्रह किया। जो पुस्तकें उन्होंने लाकर दीं, उनमें एस.एल. लोनी की 'ट्रिगोनोमेट्री' भी थी। (यह पुस्तक भारतीय स्कूलों में बीसवीं शताब्दी के छठे दशक के बाद तक प्रयोग होती रही है।) इस पुस्तक के भाग 2 में कुछ अध्याय थोड़े उच्च स्तर के हैं। उन्होंने इस पुस्तक पर अच्छा अधिकार कर लिया।

गणितीय अध्ययनों में संख्याओं (numbers), फलनों (functions), स्थिर-राशियों (constants), चर-राशियों (variables), फंक्शनलों (functionals) आदि का प्रयोग होता है। इनके अतिरिक्त गणितीय विचारों का मूलभूत आधार है अंतरिक्ष। यह माना जाता है कि एक गणितज्ञ का मस्तिष्क संख्याओं और अंतरिक्ष में विचरण करता है। स्थिर राशियों में कुछ विशेष रूप से बहुत महत्त्व की हैं। आरंभ से ही रामानुजन का मन संख्याओं और स्थिर राशियों के विशाल उपवन में विचरने लगा था। छोटी आयु में ही उन्होंने गणित में विशेष स्थान रखनेवाली संख्याएँ 'पाई' (π) एवं 'ई' (e) का ज्ञान कॉलेज स्तर की पुस्तकें पढ़कर प्राप्त कर लिया था।

एस.एल. लोनी की त्रिकोणमिति के अतिरिक्त आरंभिक काल से ही जिस अन्य पुस्तक को उन्होंने इन विद्यार्थियों के माध्यम से प्राप्त कर लिया था, वह थी जॉर्ज शूब्रिज कॉर की 'ए सिनोप्सिस ऑफ एलिमेंटरी रिजल्ट्स इन प्योर एंड एप्लाइड मैथेमेटिक्स'। दो भागोंवाली इस पुस्तक की विशेष भूमिका रामानुजन के जीवन में रही। पहला भाग, जो रामानुजन के हाथ लगा, सन् 1880 का प्रकाशन था

तथा दूसरा भाग 1886 में छपा था। दुर्भाग्य से ये पुस्तकें अब प्राप्य नहीं हैं।

प्रो. रिचर्ड एस्की ने लिखा है कि इसमें विभिन्न सूत्र, गणितीय तादात्म्य और प्रमेय दिए गए हैं; परंतु विशेषता यह है कि उनमें से लगभग सभी को लिख भर दिया गया है, उनको सिद्ध नहीं किया गया है। प्रत्येक अध्याय में सूत्र एवं साध्य क्रमानुसार हैं, परंतु अध्याय के नंबर 100, 200 आदि हैं और लगातार नहीं हैं। बीच-बीच में कुछ नंबर छोड़ दिए गए हैं। उनका अनुमान है कि ऐसा कदाचित् इसलिए किया गया है कि आगे आनेवाले संस्करणों में छूटे हुए स्थानों पर सामग्री दी जा सके। सब मिलाकर लगभग 1300 स्थान रिक्त हैं। अंतिम सूत्र की संख्या 6165 है। वास्तव में उसमें लगभग 4865 सूत्र हैं। ये सूत्र बीजगणित, त्रिकोणमिति, एनालिटिकल ज्यामिति एवं कैलकुलस विषयों पर हैं।

प्रो. शेषु अय्यर एवं श्री आर. रामचंद्र राव ने रामानुजन के जीवन में कॉर की पुस्तक का स्थान बताते हुए लिखा है—"यह वह पुस्तक थी, जिसने उनकी विलक्षण बुद्धि को प्रज्वलित कर दिया। वह उसमें दिए प्रत्येक सूत्र को सिद्ध करने में जुट गए। चूँकि उन्हें कोई अन्य पुस्तक उपलब्ध नहीं थी, अतः जहाँ तक उनका संबंध है, प्रत्येक हल अपने आप में नवीन एवं एक शोध था।"

गणित की यह विशेषता है कि जब तक उसके किसी साधारण-से-साधारण निष्कर्ष को समुचित रूप से सिद्ध नहीं कर दिया जाता, उसको मान्यता तो क्या, स्वीकार भी नहीं किया जाता। रामानुजन अपनी विलक्षण गणितीय प्रतिभा से कॉर के सूत्रों की उपपत्तियाँ (proofs) लिखते थे। स्कूल में विद्यार्थी रहते-रहते उनकी शोध-जिज्ञासा इतनी प्रज्वलित हो गई थी कि वह केवल इन सूत्रों को सिद्ध ही नहीं करते थे बल्कि वह उनके विस्तारीकरण (generalization) को भी सिद्ध करने का प्रयास करते थे।

कॉर की पुस्तक में दिए सूत्रों की उपपत्तियाँ एवं नवीन सूत्रों को रामानुजन ने अनुमानतः सन् 1904 से एक रजिस्टर में साफ-साफ लिखना आरंभ कर दिया था। वह लंबे पृष्ठों पर हरी स्याही से लिखते थे। यही रजिस्टर बाद में 'रामानुजन की नोट-बुक' नाम से जाना गया। इनका एक संकलन मुंबई के 'टाटा इंस्टीट्यूट ऑफ फंडामेंटल रिसर्च' ने प्रकाशित किया है। प्रो. जी.एन. वाटसन के अनुसार, इंग्लैंड जाने से पूर्व भारत में रामानुजन द्वारा दिए गए सूत्रों/निष्कर्षों की संख्या 3,000 से 4,000 के बीच थी।

स्कूल छोड़ने के बाद उनके जीवन में पूरे पाँच वर्ष का समय ऐसा आया, जब न उनके पास नौकरी थी, न ही वह एक विद्यार्थी थे, न किसी अध्यापक अथवा

शोधकर्ता से संबंध था और न ही उनके पास कोई साधन थे। परंतु वह गणित-सृजन में पूरे मनोयोग से लगे रहे। इस समय ट्यूशन से उनकी आय मात्र पाँच रुपए प्रति माह थी। माता-पिता, मित्र एवं संबंधी उनकी गणित की प्रतिभा से परिचित थे। उन्हें गणित में लगे रहने की पूरी छूट थी और वित्तीय कठिनाइयों के रहते भी पूरा प्रोत्साहन मिलता था। संभवतः यह समय रामानुजन को भावनात्मक, बौद्धिक एवं सौंदर्य की तुष्टि प्रदान करनेवाला रहा। वह स्लेट लेकर जमीन पर बैठे रहते और सब सुध-बुध खोकर गणित में डूबे रहते।

कहा जाता है कि रामानुजन ने उसी समय त्रिकोणमितीय फलनों (sine, cosine, etc.) का वह श्रेणीबद्ध विस्तार (series expansions) निकाल लिये थे, जो 'ऑयलर' के नाम से गणितज्ञों को पहले ही ज्ञात थे।

□

5

रामानुजन और अध्यात्म

रामानुजन की स्वाभाविक पूजा आदि में अभिरुचि का उल्लेख पहले हुआ है। नामगिरी देवी के प्रति उनके परिवार का एवं उनका विशेष अनुराग था ही। वह अंत तक नागगिरी देवी को ही अपने शोध-कार्य एवं सूत्रों की प्रदायिनी बताते रहे। इसलिए उनके जीवन में यह विधा विशेष स्थान रखती है। उन्होंने परिवार के परिवेश में रामायण एवं महाभारत के कथानक बड़े मनोयोग से पढ़े-सुने थे। कदाचित् उपनिषदों में उठाए गहन प्रश्न एवं उनके समाधानों को उन्होंने गहराई से आत्मसात् किया था।

अंग्रेजी में श्रीनिवास रामानुजन की जीवनी लिखनेवाले श्री कैनिगेल का कहना है कि रामानुजन का आध्यात्मिक पक्ष बड़ा प्रबल था। अपने पचियप्पा कॉलेज में पढ़ने के दिनों में उन्होंने एक बीमार बच्चे के माता-पिता को बच्चे के स्थान परिवर्तन की सलाह इसलिए दी थी, क्योंकि उनका मानना था कि 'मृत्यु पूर्व-निश्चित स्थान एवं समय के संयोग के बिना नहीं होती', और स्थान-परिवर्तन से उसे स्वास्थ्य-लाभ हो सकता था। इसके अतिरिक्त एक बार स्वप्न में उन्होंने एक हाथ को रक्त से सने लाल पट पर अंडाकार आकृतियाँ बनाते हुआ देखा था। गणित के इल्पिटिक फलनों पर रामानुजन ने काफी कार्य किया है।

अंकों में वह रहस्य एवं अध्यात्म देखते थे। वह सत्ता को शून्य और अनंत के रूप में कल्पित करते थे। उनके विचार से शून्य पूर्ण सत्य का निर्विकार प्रतिरूप है और अनंत उस पूर्ण सत्य से प्रक्षेपित विचित्र सृष्टि। गणित का थोड़ा सा ज्ञान रखनेवाले व्यक्ति भी यह जानते हैं कि कुछ संख्याओं को गणित में अनिश्चित माना जाता है और उनका मान विभिन्न परिस्थितियों में अलग-अलग हो सकता है। ऐसी एक स्थिति $0 \times \infty$, अर्थात् शून्य एवं अनंत के गुणा की भी है। यह गणित में अनिश्चित है। इसका फल कोई भी संख्या हो सकती है। रामानुजन इसे ब्रह्म एवं

सृष्टि से जोड़ते थे, अर्थात् ब्रह्म एवं सृष्टि के गुणों से कोई भी फल (अंक अथवा संख्या) हो सकता है।

अंकों के रहस्य के बारे में वह बहुत सोचते थे। अपने एक मित्र को संख्या $2^n - 1$ के बारे में उन्होंने बड़ी रोचक बातें बतलाई थीं। उनके अनुसार यह संख्या आदि ब्रह्म, विभिन्न दैवी एवं अन्य आध्यात्मिक शक्तियों का निरूपण करती है। जब $n = 0$ तब यह संख्या शून्य है, जिसका अर्थ है अनित्यता, जब $n = 1$ तब इसका मान 1 अथवा आदि ब्रह्म है और जब $n = 2$ है तब इसका मान 3 देवों को प्रस्तुत करता है तथा $n = 3$ लेने पर इसका मान 7, सप्त ऋषियों को। 7 की संख्या को वह अंकों के रहस्यवाद से काफी महत्त्व का मानते थे।

आगे के अध्यायों में उनके इंग्लैंड (कैंब्रिज) प्रवास-काल का उल्लेख विस्तार से होगा। वहाँ उनकी भेंट भारत के प्रसिद्ध सांख्यिकिक श्री पी.सी. महालनोबिस से हुई और वे दोनों भारतीय बहुधा मिलकर बातें किया करते थे। महालनोबिस का कहना था कि "रामानुजन दार्शनिक प्रश्नों पर इतने उत्साह से बोलते थे कि मुझे लगता उन्हें गणित के सूत्रों को जी-जान से सिद्ध करने में लगने के स्थान पर अपने दार्शनिक सूत्रों के प्रतिपादन में लगना चाहिए था।"

रामानुजन ने एक बार अपने मित्र से पूरी निष्ठा से कहा था—

"यदि कोई गणितीय समीकरण अथवा
सूत्र किसी भगवत् विचार से मुझे नहीं
भर देता तो वह मेरे लिए निरर्थक है।"

यह विचार उनके उत्कृष्ट अध्यात्म का परिचायक है। उनका जीवन भारतीय आध्यात्मिक परंपरा के अनुरूप पूर्ण समर्पण का था—गणित में ब्रह्म का, आत्मा का एवं सृष्टि के साक्षात्कार का।

सत्य तर्क का विषय नहीं होता, परंतु तर्क के विपरीत भी नहीं होता। जो सत्यद्रष्टा रहस्य और तर्क में सामंजस्य स्थापित करने में सफल हो जाता है वह भारतीय परंपरा में ऋषि है। एक ऋषि की भाँति वह अपने सूत्रों के द्रष्टा थे, जिनको उन्होंने अलौकिक दृष्टि से देखा और अपनी तार्किक बुद्धि से प्रतिपादित अथवा सिद्ध किया।

वैज्ञानिकगण शोध को दो भागों में बाँटते आए हैं—खोज (Discovery) और आविष्कार (Invention)। खोज में गुप्त को प्रकट करने की प्रक्रिया होती है और आविष्कार में नए सृजन की। पहले में रहस्योद्घाटन की प्रक्रिया है और दूसरे

में वैचारिक विश्लेषणस्वरूप प्राप्त ठोस परिणाम की। रामानुजन को बहुत निकट से जाननेवाले प्रो. हार्डी ने उनके कार्य को सृजन-प्रक्रिया की देन मानकर सराहा है। कैनिगेल ने उनकी जीवनी लिखने के लिए लेखनी उठाने से पूर्व उनके व्यक्तित्व एवं मानसिक-सामाजिक परिवेश का गहन अध्ययन किया था। वह उनके दिए सूत्रों को खोज की श्रेणी में रखकर उनके आध्यात्मिक पक्ष को प्रबल मानते हैं। क्लिष्ट सूत्रों का त्रुटिहीन प्रतिपादन हार्डी के विश्वास का आधार है तो ऐसे बहुत से क्लिष्ट सूत्र जिनका प्रतिपादन वह अपने जीवन में नहीं दे पाए और उनमें से कुछ पर बाद में कार्य हुआ है और चल रहा है, कैनीगल की धारणा को दृढ़ करते हैं। वास्तविकता यह है कि रामानुजन में दोनों ही पक्ष—आध्यात्मिक रहस्यवाद एवं विश्लेषणात्मक सृजन-बुद्धि—का अनोखा संगम था।

□

6
सर्वप्रिय रामानुजन

रामानुजन स्वभाव से शरमीले थे। अपने सीधे-सरल व्यक्तित्व से वह सदा ही अन्य व्यक्तियों को प्रभावित कर लेते थे। अन्य व्यक्तियों से उनका व्यवहार सदैव मित्रवत् रहता था। हाई स्कूल के उनके सहपाठी एन. रघुनाथन के अनुसार, उनसे शत्रु-भाव रख पाना किसी के लिए संभव ही नहीं था। कुछ मोटाई लिये एवं मध्यम ऊँचाई के रामानुजन की आँखों में एक चमक सदा बनी रहती थी। उनके व्यक्तित्व में कुछ ऐसा विशेष था कि किसी व्यक्ति को उनपर अविश्वास होता ही नहीं था। उनसे मिलने पर प्रत्येक व्यक्ति उन्हें अनायास ही पसंद करने लगता था और उनके द्वारा कुछ न माँगने पर भी उनके लिए भरसक कुछ करने की इच्छा उसे होती थी।

जब वह गणित समझाने में रम जाते और समझानेवाले को कुछ समझ में नहीं आता, तब भी उनको बोलते हुए देखना बहुतों को मोहित-सा कर देता था।

प्रो. हार्डी के अनुसार, रामानुजन सरल प्रकृति के हँसमुख व्यक्ति थे। वह कहानियाँ तथा चुटकुले सुनाने में रुचि लेते थे। गणित के साथ अपने इंग्लैंड प्रवास के समय वह राजनीतिक विषयों पर भी रुचि से चर्चा करते थे। मद्रास में रामानुजन के संपर्क में आए अनेक व्यक्तियों का कहना था कि उन्हें हास्य-विनोद बहुत प्रिय था। तमिल एवं अंग्रेजी के शब्दों को तोड़-मरोड़कर खिल्ली उड़ाना उनका प्रिय विषय था। समय-समय पर वह छोटी-बड़ी कहानी सुनाने लगते और कहानियाँ सुनाते-सुनाते वह स्वयं खिलखिलाकर हँसते-हँसते लोट-पोट हो जाते। ऐसी स्थिति में सिर पर बँधी उनकी चोटी भी बहुधा खुल जाती थी। वह किसी भी विषय पर खुलकर बोलने के अभ्यस्त थे।

कुछ व्यक्तियों को व्यर्थ ही में गणित के बारे में कुछ कहना शुरू कर देने से उनका झक्कीपन नजर आता था। परंतु सुननेवाले इससे परेशान नहीं होते थे। उनकी

अटपटी बातों में सुननेवाले को एक सुख, एक रस मिलता था, जो नैसर्गिक आनंद जैसा था।

मनोरंजन के लिए कठपुतलियों का प्रदर्शन एवं गली-मोहल्ले के नाटक देखना उन्हें प्रिय था। यद्यपि जीवन में उनको पग-पग पर निराशा मिली; परंतु उन्होंने किसी से अपने संबंध नहीं बिगाड़े, वह निरुत्साह भी नहीं हुए। लंदन जाने के प्रयत्न और उसमें मिली सफलता से इसकी पुष्टि होती है।

□

7
विवाह एवं नौकरी की खोज

स्कूल छोड़ने के पश्चात् लगभग छह वर्षों तक रामानुजन का जीवन सामान्य नहीं था। घरवालों के लिए वह चिंता का विषय बन गए थे। बेकारी और वित्तीय कठिनाइयों के बीच स्कूल से बाहर संसार की सब हलचलों से दूर घर पर स्लेट और खड़िया से गणित बनाने में रमे रामानुजन के माता-पिता ने विफलताओं में डूबते-उतराते अपने पुत्र को वास्तविकता के धरातल पर लाने की योजना बनाई और बीस वर्षीय रामानुजन को चतुष्पदी बनाने का निर्णय लिया। उनका विचार था कि विवाह करने पर रामानुजन को सांसारिकता के दायरे में लाने की संभावना बन सकती है। उनके जीवन में घर करती विषमताओं के उपचार के लिए आजमाया हुआ नुस्खा था—विवाह। उनकी धारणा थी कि रामानुजन पर गृहस्थी का भार पड़ेगा तो वह सीधे मार्ग पर बरबस चलने लगेगा।

सन् 1908 में उनकी माता कुंभकोणम से लगभग सौ किलोमीटर दूर राजेंद्रम ग्राम में अपने एक मित्र-परिवार में गई हुई थीं। वहाँ दूर के एक संबंधी परिवार में उन्हें जानकी नामक एक कन्या का पता लगा। वह स्वयं ज्योतिषी थीं ही। उन्होंने जानकी की जन्मपत्री लेकर रामानुजन की जन्मपत्री से मिलाया। इसके आधार पर उन्हें संबंध ठीक जँचा और उन्होंने बात आगे चलाई।

जानकी के पिता श्री रंगास्वामी की आर्थिक स्थिति अच्छी नहीं थी। आभूषण बनाने के सामान का छोटा सा व्यापार था उनका। पहले कुछ संपत्ति थी, लेकिन बाद में वह उन्हें बेचनी पड़ी थी। पाँच बेटियों और एक पुत्र के पिता श्री रंगास्वामी जानकी के विवाह पर बहुत ही सीमित धन व्यय करने की स्थिति में थे। इस कारण से किसी बहुत योग्य अथवा बड़े परिवार में जानकी के विवाह की बात वे सोच नहीं सकते थे। रामानुजन के लिए एक-दो अन्य संबंध आए अवश्य थे, परंतु रामानुजन विवाह की दृष्टि से अति साधारण व्यक्तियों की श्रेणी में थे—पढ़ाई एवं नौकरी दोनों

में नितांत विफल। रामानुजन की माताजी बड़ी दबंग महिला थीं। पिता श्रीनिवास पुत्र के विवाह की बात कहीं अन्य चलाना चाहते थे, परंतु जानकी से विवाह के पक्ष में माता कोमलताम्मल का मत निर्णयात्मक था।

14 जुलाई, 1909 को रामानुजन का विवाह जानकी से हो गया। कहा जाता है कि रात्रि में सप्तपदी द्वारा संपन्न इस विवाह में तीन अपशकुन हुए। विवाह-स्थल पर एक कोने में आग लगी, जिसे तुरंत ही बुझा दिया गया। दुल्हन जानकी, जो वरमाला दूल्हे रामानुजन के गले में डालनेवाली थीं, वह पहले ही उनके हाथ से पृथ्वी पर गिर पड़ी तथा जब रामानुजन एवं जानकी को झूले पर बिठाकर महिलाएँ मंगल-गीत गा रही थीं, तभी एक मंद बुद्धि लड़की की चीख सुनाई पड़ी। रामानुजन के पिता किसी कारणवश विवाह में सम्मिलित नहीं हो सके थे; परंतु उनकी माँ विवाह में पूरी तरह उल्लसित एवं प्रसन्न थीं।

विवाह के पश्चात् जानकी तुरंत ही तीन वर्ष के लिए मायके चली गईं। अतः बाह्य स्तर पर रामानुजन के जीवन पर विवाह का तुरंत कोई असर नहीं पड़ा। परंतु विवाह एक संस्कार है और संस्कारों का प्रभाव गहरा होता है। वह गृहस्थाश्रम में प्रवेश कर चुके थे। अब उन्हें जीवन-यापन के लिए साधनों को जुटाने की सुधि लेनी आवश्यक हो गई थी।

अब सबकुछ भुलाकर गणित में डूबे रहने का समय रामानुजन के लिए नहीं रह गया था। नौकरी की खोज आवश्यक थी। इस कार्य में उन्हें मद्रास तथा अन्य नगरों की रेल द्वारा यात्रा करनी पड़ी। यात्रा के किराए और ठहरने के स्थान के लिए भी उन्हें मित्रों की कृपा पर निर्भर रहना पड़ा।

सन् 1910 में कुछ समय वह मद्रास में श्री विश्वनाथ शास्त्री के साथ विक्टोरिया हॉस्टल में रहे। विश्वनाथ वहाँ प्रेसिडेंसी कॉलेज में अध्ययनरत थे तथा उन्हें रामानुजन ने पहले ट्यूशन पढ़ाया था। प्रातः ही रामानुजन ट्यूशनों की खोज में निकल जाते। परंतु गणित को जटिल बनाने की उनकी छवि इसमें आड़े आती थी। विश्वनाथ ने बाद में अपने संस्मरणों में बताया है कि तब रात्रि के समय बहुत उदास होकर रामानुजन अपने भाग्य को कोसते थे। शास्त्री उनसे कहते कि गणित की उनकी अप्रतिम प्रतिभा देर-सबेर एक दिन अवश्य उनके लिए वरदान बनेगी, तो वह कहते, ''लगता है कि जैसे गैलीलियो 'इंक्वीजीशन'* में मर गए उसी प्रकार

* इंक्वीजीशन (Inquisition)—13वीं से 19वीं सदी तक यूरोप के रोमन कैथोलिक देशों में यह एक क्रूर विधान था जिसके अंतर्गत उनके धर्म को किसी बात से मतैक्य न रखनेवाले व्यक्तियों को झूठे-सच्चे मुकदमे चलाकर विशेष न्यायालयों में सजा तथा मृत्युदंड दे दिया जाता था।

वह कोई मान्यता पाए बिना ही गरीबी में समाप्त हो जाएँगे।'' विश्वनाथ शास्त्री उनका उत्साहवर्द्धन लगातार करते रहते थे।

सन् 1910 में रामानुजन केंद्रीय रेलवे स्टेशन के निकट 'पार्क टाउन' में वेंकटलेन पर चले गए। यहाँ वह कुंभकोणम के अपने पुराने मित्र श्री के. नरसिम्हा आयंगर और उनके भाई सारंगपाणि के अतिथि बनकर रहे। आयंगर मद्रास क्रिश्चियन कॉलेज में पढ़ते थे और रामानुजन गणित में उनकी सहायता कर देते थे।

शिक्षा की कमी के कारण वह कोई भी नौकरी पाने में विफल ही रहे। इस बीच वह बीमारी की दशा में पचयिप्पा कॉलेज के अपने पुराने सहपाठी श्री राधाकृष्ण अय्यर के पास पहुँचे। उनकी अस्वस्थता को देखकर राधाकृष्ण को भारी ठेस लगी। वह घबराकर रामानुजन को डॉक्टर के पास ले गए। डॉक्टर को उनकी स्थिति ठीक नहीं लगी। उन्होंने रामानुजन को अपने परिवार के पास कुंभकोणम जाने की सलाह दी।

रामानुजन का स्वास्थ्य गिरने के साथ-साथ मनोबल भी टूट चुका था। रेल से कुंभकोणम के लिए जाने के समय उन्होंने अपनी दो नोट-बुक्स, जिसमें उनके निकाले सूत्र और साध्य लिखे थे, राधाकृष्ण को देकर कहा था, ''यदि मेरी मृत्यु हो जाए तो यह नोट-बुक पचयिप्पा कॉलेज के गणित के अध्यापक प्रो. सिंगरावेलु मुदालियर अथवा मद्रास क्रिश्चियन कॉलेज के प्राध्यापक प्रो. एडवर्ड बी. रॉस को दे देना।''

रुग्णावस्था में ही वह कुंभकोणम पहुँचे। वहाँ रहकर उन्होंने स्वास्थ्य-लाभ किया। उसके बाद नौकरी की खोज में वह पुनः मद्रास के लिए चले।

अब उनकी नौकरी की खोज का तरीका बदला। उन्होंने ट्यूशन ढूँढ़ने के बजाय कार्यालयों में कार्य की खोज आरंभ करने का निश्चय किया। इसके लिए वह कई प्रभावशाली व्यक्तियों से भी मिले। ऐसे व्यक्तियों से मिलने के समय वह अपनी नोट-बुक साथ रखते थे। यही उनकी सबसे बड़ी पहचान बन गई थी। एक दिन मद्रास जाते-जाते वह पांडिचेरी के निकट विल्लूपुरम में रुक गए और वहाँ से गाड़ी बदलकर तिरुकोइलूर पहुँचे। वहाँ वह श्री वी. रामास्वामी अय्यर से मिले। श्री अय्यर वहाँ डिप्टी कलक्टर थे, यद्यपि वह किसी विश्वविद्यालय में पढ़ाते नहीं थे, परंतु उन्हें लोग 'प्रोफेसर' कहकर संबोधित करते थे। गणित, विशेष रूप से ज्यामिति, में उनकी विशेष रुचि थी और उन्होंने प्रेसिडेंसी कॉलेज के अपने विद्यार्थी काल में इंग्लैंड से प्रकाशित पत्रिका 'एजुकेशनल टाइम्स' में गणित पर एक लेख प्रकाशनार्थ भेजा था। कुछ समय पूर्व उन्होंने 'इंडियन मैथेमेटिकल सोसाइटी' की स्थापना में भी

सक्रिय भूमिका निभाई थी। रामानुजन ने अपनी नोट-बुक्स उन्हें दिखाई। श्री रामास्वामी की समझ में तो शायद ही कुछ आया, परंतु वह उनसे प्रभावित अवश्य हुए। वह रामानुजन को शायद कर-कार्यालय में कार्य दे सकते थे, परंतु उन्होंने अपने बाद के संस्मरणों में बताया है कि ऐसा करके वह रामानुजन की प्रतिभा पर पानी नहीं फेरना चाहते थे। उक्त भेंट में हुई वार्त्ता का उल्लेख डॉ. एस. रंगानाथन द्वारा रामानुजन पर लिखी पुस्तक में इस प्रकार किया गया है—

रामानुजन—मेरी रुचि गणित में है।

रामास्वामी अय्यर—अभी तक तुमने गणित में क्या-क्या किया है?

रामानुजन—इस नोट-बुक में मेरे द्वारा खोजे गए कुछ साध्य एवं सूत्र हैं।

रामास्वामी अय्यर—यह नोट-बुक मुझे दो। (नोट-बुक के पृष्ठों को देखते हुए आश्चर्य से) इसमें अधिकतर काम तो नया ही लगता है। (कुछ और पृष्ठ देखने के पश्चात्) जिस पृष्ठ को भी देखता हूँ, उसी में नए सूत्रों और साध्यों की खान दिखाई देती है। क्या आनंद की बात है! तुम कहाँ काम करते हो?

रामानुजन—मैं नौकरी की खोज में हूँ।

रामास्वामी अय्यर—(फिर पृष्ठों को उलटते-पलटते हुए) मुझे लगता है कि तुम्हारे पास काफी संपत्ति है।

रामानुजन—नहीं, श्रीमान! मैं तो एक गरीब परिवार से हूँ। मेरे पिता कुंभकोणम में कपड़े की एक दुकान पर मुनीम हैं। उन्होंने पिछले वर्ष मेरा विवाह करके मुझे गृहस्थ भी बना दिया है।

रामास्वामी अय्यर—(फिर पृष्ठों को उलटते-पलटते हुए) अच्छा तो ऐसा है।

रामानुजन—श्रीमान, कृपा करके मुझे अपने कार्यालय में या फिर तालुक-बोर्ड में किसी क्लर्क की नौकरी दिला दीजिए, ताकि मैं अपना जीवन-निर्वाह कर सकूँ।

रामास्वामी अय्यर—ऐसा करना मेरे लिए उचित नहीं होगा। यदि तुम मेरे कार्यालय में या कहीं और क्लर्क बन गए तो तुम्हारे पास जो गणित में शोध करने की क्षमता है, वह समाप्त हो जाएगी। अतः तुम्हें क्लर्क की नौकरी में लगाकर मैं ऐसा पाप नहीं करना चाहूँगा।

रामानुजन—श्रीमान, ऐसा न कहें। यदि आप मेरी सहायता नहीं करेंगे तो कौन करेगा?

रामास्वामी अय्यर—ऐसा मत सोचो कि मैं तुम्हें निराश करना चाहता हूँ।

तुम्हें कुछ निश्चित सहायता मिलेगी। जरा कुछ मिनटों के लिए प्रतीक्षा भर करो। (तब रामास्वामी अय्यर ने प्रेसीडेंसी कॉलेज, मद्रास में गणित के प्राध्यापक श्री पी.वी. अय्यर को एक अच्छा सा पत्र लिखा।)

रामास्वामी अय्यर—रामानुजन, यह पत्र लो और जाकर प्रो. पी.वी. शेषु अय्यर से मिलो। उन्हें यह पत्र दो। क्या तुम उन्हें थोड़ा-बहुत जानते हो?

रामानुजन—जी हाँ, मैं राजकीय कॉलेज, कुंभकोणम का विद्यार्थी रहा हूँ।

रामास्वामी अय्यर—तब तो उनसे मिलना तुम्हारे लिए आसान होगा।

प्रो. शेषु अय्यर पहले राजकीय कॉलेज में अध्यापक थे और चार वर्ष पहले प्रेसीडेंसी कॉलेज में पहुँच गए थे। उस समय वह कुछ वर्ष पूर्व संस्थापित 'इंडियन मैथेमेटिकल सोसाइटी' की कार्यकारिणी के सदस्य थे।

उनसे मिलने के बाद रामानुजन को कोई नौकरी तो नहीं मिली, मगर हाँ, प्रो. अय्यर की सिफारिश से नैलोर के जिलाधीश श्री आर. रामचंद्र राव, जो इंडियन मैथेमेटिकल सोसाइटी के अध्यक्ष भी थे, ने कोई एहसान किए बिना ही रामानुजन को पच्चीस रुपए प्रतिमाह का प्रबंध कर दिया।

□

8
जीवन में एक नया मोड़

श्री शेषु अय्यर रामानुजन को कुंभकोणम के राजकीय कॉलेज के विद्यार्थी के रूप में पहले से जानते थे। अब चार वर्ष के अंतराल के पश्चात् जब वह रामानुजन से मिले और उन्होंने उनकी गणित की वह नोट-बुक देखी तो बहुत प्रसन्न और प्रभावित हुए। उन्होंने नेल्लौर के जिलाधीश दिवान बहादुर आर. रामचंद्र राव के लिए एक संस्तुति-पत्र लिखकर रामानुजन को दिया। रामचंद्र राव गणित में विशेष रुचि रखते थे और तब 'इंडियन मैथेमेटिकल सोसाइटी' के सचिव थे। ऐसा प्रतीत होता है कि संकोची स्वभाव के रामानुजन का साहस जिलाधीश रामचंद्र राव से मिलने का नहीं हुआ, शायद इसलिए उन्होंने कुछ अन्य संपर्क ढूँढ़े।

वे सी.वी. राजगोपालाचारी से मिले, जो रामानुजन के समवयस्क थे और उनके साथ ही हाई स्कूल में पढ़े थे। लगभग एक वर्ष पहले की एक घटना ने रामानुजन की गणितीय प्रतिभा की छाप उनपर छोड़ी थी। तब स्कूल में एक बड़ी कक्षा के विद्यार्थी, जो अपनी कक्षा में सबसे अच्छा था, ने गणित में रामानुजन की कुशाग्रता की परीक्षा के लिए एक प्रश्न दिया था।

यदि $\sqrt{\text{य}} + \text{र} = 7$ तथा $\sqrt{\text{र}} + \text{य} = 11$,

तो य और र का मान निकालो

इन युगल समीकरणों को हल करने में विधिपूर्वक चलने के लिए चार घात की (bi-quadratic) समीकरण को हल करना होता है, जो सरल नहीं है। परंतु रामानुजन ने क्षण भर में इसका हल बता दिया था—य = 9, र = 4।

इस बीच श्री राजगोपालाचारी एक वकील बन गए थे और रामानुजन से उनका संपर्क टूट गया था। लगभग नौ वर्ष पश्चात् जब वह अचानक मद्रास में मिले और रामानुजन ने उन्हें अपनी ग्यारहवीं कक्षा में फेल होकर गणित में कार्य करने पर जीवन में अंधकार छाए रहने की गाथा सुनाई और बताया कि रामचंद्र राव से

मिलने का साहस उन्हें नहीं हो रहा है तो उन्होंने रामानुजन को अपने साथ ले जाकर उनसे मिलाने का प्रस्ताव रखा। जब रामानुजन ने कहा कि उनके पास मद्रास में ठहरने के लिए भी धन की व्यवस्था नहीं है तो राजगोपालाचरी ने उसे भी वहन करना स्वीकार किया।

प्रो. पी.वी. शेषु अय्यर एवं श्री राजगोपालाचारी के अतिरिक्त इस संबंध में भी रामचंद्र राव के हवाले से उनके भतीजे आर. कृष्ण राव का भी उल्लेख मिलता है, जिन्होंने अपने चाचा रामचंद्र राव से रामानुजन के लिए कहा। स्वयं श्री रामचंद्र राव ने बाद में इस बारे में इन शब्दों में लिखा है—

> *''कई वर्ष पूर्व मेरे एक भतीजे, जो गणित से नितांत अनभिज्ञ था, ने मुझसे कहा था, 'चाचाजी, मेरे पास एक व्यक्ति मिलने आया है, जो गणित की बातें कर रहा है। मैं उसकी बातें समझ नहीं पा रहा हूँ। क्या आप उससे मिलकर देखना चाहेंगे कि उसकी बातों में कुछ तथ्य है या नहीं?' गणित में अत्यंत रुचि के कारण मैंने रामानुजन को स्वयं से मिलने की स्वीकृति दे दी थी। जब रामानुजन मुझसे मिलने आया तो मैंने पाया था कि छोटे कद का, स्वस्थ, दाढ़ी बढ़ाए हुए, साधारण सज्जा में एक व्यक्ति चला आ रहा है, जिसने बगल में एक नोट-बुक दबाई थी और जिसकी आँखों में अद्‌भुत चमक थी।''*

इस घटना की निर्णायक भूमिका रामानुजन के आगे के जीवन में रही और उनके जीवन ने एक नया मोड़ लिया।

दिसंबर 1910 में रामानुजन नेल्लौर गए। राजगोपालाचारी के अनुसार रामानुजन श्री रामचंद्र राव से चार बार मिले। पहली मुलाकात में रामचंद्र राव ने देखने के लिए उनके कागज कुछ दिनों के लिए अपने पास रख लिये। दूसरी बार उन्होंने कदाचित् केवल यह कहा कि उन्होंने रामानुजन के जैसे कार्य को कभी नहीं देखा है और उनकी समझ में नहीं आ रहा है कि वह क्या करें। तीसरी मुलाकात में उन्होंने स्पष्ट शब्दों में कहा कि वह रामानुजन के कार्य को समझने में असमर्थ हैं और सहायता करने की किसी प्रकार की बात भी नहीं की।

चौथी बार रामानुजन उनसे मिलने गए तो उन्होंने देखते ही कहा, ''अरे, तुम फिर आ गए?'' तब रामानुजन ने उन्हें प्रो. सल्दाना का वह पत्र दिखाया, जिसमें उन्होंने रामानुजन के कार्य की सराहना की थी तथा अपने कुछ सरल सूत्र भी रामचंद्र राव को उन्होंने समझाए तो स्थिति बदली। स्वयं रामचंद्र राव ने बाद में इस घटना

का वर्णन इन शब्दों में किया है—"उसके बताए सूत्र प्राप्त पुस्तकों से हटकर थे और मुझे विश्वास हो गया कि वह अद्‌भुत व्यक्ति है। फिर मुझे पग-पग पर विस्तार करके उसने 'इलिप्टिक इंटीग्रल' तथा 'हाइपर-ज्योमेट्रिक सीरीज' के बारे में बताया। अंत में उसके 'डाइवर्जेंट सीरीज' के उन तथ्यों, जो अभी तक विश्व में नहीं जाने जाते थे, को देखकर मेरा हृदय परिवर्तित हो गया। मैंने पूछा कि वह मुझसे क्या चाहता है?"

रामानुजन ने उत्तर दिया कि वह जीवनयापन तथा काम आगे करते रहने भर के लिए थोड़ा धन कमाना चाहता है।

रामचंद्र राव ने यह कहकर रामानुजन को प्रो. शेषु अय्यर के पास वापस भेज दिया कि स्थानीय ताल्लुक के दफ्तर में कोई नौकरी देकर वह उनके साथ अन्याय नहीं करना चाहते। वह यद्यपि परीक्षा में बुरी तरह विफल रहा है, मगर फिर भी किसी पारितोषिक के सर्वथा योग्य है। जब तक उसका कोई प्रबंध हो तब तक रामानुजन मद्रास में रहे। तब से रामानुजन को प्रति मास पच्चीस रुपए मनीऑर्डर से प्राप्त होने लगे।

यह बड़ी राशि नहीं थी, परंतु उस समय रामानुजन को जीवनयापन की चिंता से मुक्त करने के लिए पर्याप्त थी। सन् 1911 के आरंभ से लगभग एक वर्ष तक वह इस पारितोषिक पर आश्रित रहकर मद्रास में कार्य करते रहे।

मई 1911 में रामानुजन अपने पहले स्थान से स्वामी पिल्लै स्ट्रीट स्थित समर-हाउस में रहने लगे, जिसके निकट ही मद्रास का प्रेसीडेंसी कॉलेज तथा समुद्र-तट है। उसी वर्ष रामानुजन का प्रथम शोधपत्र 'जरनल ऑफ इंडियन मैथेमेटिकल सोसाइटी' में प्रकाशित हुआ। शोधपत्र का शीर्षक था—'सम प्रॉपर्टीज ऑफ बरनौली नंबरस' (जरनल ऑफ इंडियन मैथेमेटिकल सोसाइटी, वर्ष 3, पृष्ठ 219-234) अर्थात् 'बरनौली संख्याओं के कुछ गुण'।

□

9
मद्रास पोर्ट ट्रस्ट में क्लर्की

लगभग एक वर्ष तक रामानुजन श्री रामचंद्र राव की उदारता से मिले पारितोषिक पर आश्रित रहे। इस काल में वह पूरे मन से गणित में सृजन-कार्य करते रहे। 'जरनल ऑफ इंडियन मैथेमेटिकल सोसाइटी' के लिए उन्होंने अपने दो शोधपत्र भी प्रकाशनार्थ भेजे। परंतु वास्तव में वह बेरोजगार थे और उन्हें नौकरी की खोज करनी ही थी।

अपने एक अन्य शुभचिंतक की कृपा से उन्हें बीस रुपए प्रतिमाह पर एक अस्थायी नौकरी मद्रास एकाउंटेंट जनरल के दफ्तर में मिली। उन्होंने कुछ सप्ताह ही वह कार्य किया। बाद में नौकरी की खोज में उन्होंने 1 फरवरी, 1912 को मद्रास पोर्ट ट्रस्ट के चीफ एकाउंटेंट को प्रार्थना-पत्र लिखा। उस प्रार्थना-पत्र के आधार पर उन्हें 1 मार्च, 1912 से तीस रुपए प्रतिमाह के वेतन पर मद्रास पोर्ट ट्रस्ट में क्लास 3, ग्रेड 4 के एकाउंट विभाग में क्लर्की मिली। बाद में रामचंद्र राव ने यह बताया है कि पोर्ट ट्रस्ट की यह ऐसी नौकरी थी, जिसमें कार्य-भार बहुत नहीं था। यह उनके प्रयत्नों से ही रामानुजन को मिली थी। यह सत्य है कि पोर्ट ट्रस्ट की यह नौकरी ऐसी सिद्ध हुई, जिसपर कार्य करते हुए रामानुजन अपने गणितीय शोध पर लगे रहे।

रामानुजन को पोर्ट ट्रस्ट में नौकरी करते रहकर गणित में कार्य करते रहना वहाँ के दो अन्य व्यक्तियों की कृपा से संभव हुआ। वे थे पोर्ट ट्रस्ट के सर्वोच्च अधिकारी सर फ्रांसिस स्प्रिंग तथा उनके ऑफिस मैनेजर एवं चीफ एकाउंटेंट श्री एस. नारायण अय्यर। सर फ्रांसिस स्प्रिंग मद्रास पोर्ट ट्रस्ट के सर्वोच्च अधिकारी एवं चीफ इंजीनियर के पद पर थे। उनकी शिक्षा डबलिन के ट्रिनिटी कॉलेज में हुई थी। उन्होंने सन् 1870 से भारत सरकार की इंजीनियरिंग सेवाओं से कार्य आरंभ किया था। सन् 1911 में गोदावरी नदी पर रेल का एक विशाल पुल बनाने के निमित्त उन्हें 'सर' की उपाधि से सम्मानित किया गया। इसके सात वर्ष पूर्व जब उन्होंने पोर्ट ट्रस्ट

के सर्वोच्च अधिकारी का पद सँभाला था तो वह श्री एस. नारायण अय्यर को अपने साथ लाए थे, जो पोर्ट ट्रस्ट के ऑफिस मैनेजर तथा चीफ एकाउंटेंट थे।

श्री नारायण अय्यर ने त्रिचनापल्ली के सेंट जोसेफ कॉलेज से गणित में एम.ए. किया था और जब सर फ्रांसिस स्प्रिंग उनसे मिले तब वह वहाँ पर गणित के प्राध्यापक थे। श्री अय्यर उदार हृदय एवं राष्ट्रवादी विचारों के बड़े ही शालीन एवं भारतीय परंपरा के पोषक थे। वह सदा धोती पहनते तथा पगड़ी बाँधते थे। श्री अय्यर का सर फ्रांसिस स्प्रिंग बहुत आदर और विश्वास करते थे।

कार्यालय में रामानुजन का कार्य कदाचित् एकाउंट्स का मिलान करना तथा उनको ठीक से रखना भर था, जो बहुत श्रमसाध्य नहीं था। कार्यालय में भी गणित का कार्य करने की छूट नहीं तो काम में ढिलाई, श्री अय्यर एवं सर स्प्रिंग द्वारा, सहन अवश्य की जाती थी।

समर हाउस से पोर्ट ट्रस्ट का कार्यालय तीन मील दूर पड़ता था। अत: नई नौकरी मिलने के कुछ माह पश्चात् रामानुजन शैव-मुथैया-मुदाली स्ट्रीट, जॉर्ज टाउन पर स्थित एक छोटे से घर में पहुँच गए। उनकी पत्नी श्रीमती जानकी, जो अब तक कभी उनके साथ नहीं रही थीं एवं माँ कोमलताम्मल उनके पास रहने लगीं। उस समय रामानुजन की आयु पच्चीस वर्ष थी।

अधिकारियों की कृपा-दृष्टि रहने पर भी रामानुजन का जीवन बहुत व्यस्त था। उनकी पत्नी ने बाद में बताया है कि कैसे प्रात: ही जल्दी वह गणित करना आरंभ कर देते थे। कभी-कभी रात भर जागकर प्रात: छह बजे तक वे गणित का कार्य करते रहते थे। वे केवल दो घंटे ही सोकर पुन: उठ जाते थे और जल्दी-जल्दी कार्यालय के लिए चले जाते थे।

समर-हाउस के तब के उनके एक मित्र का कहना है—"मैं रामानुजन को कई बार प्रात: बीच सड़क पर कार्यालय के लिए दौड़ते हुए देखता था। उनका कोट तथा कपड़े हवा में उड़ते जाते थे, सिर के बाल बिखरे रहते थे और माथे पर त्रिपुंड्र होता था। वह सदा जल्दी में दिखते थे, वास्तव में उनके पास समय यूँ ही गँवाने के लिए नहीं था।"

नारायण अय्यर 'मैथेमेटिकल सोसाइटी' के सदस्य तथा उसके कोषाध्यक्ष थे। वह वास्तव में रामानुजन के अफसर ही नहीं बल्कि उनके सहकर्मी, सलाहकार, मार्ग-निर्देशक एवं मित्र भी बन गए थे। संध्या समय दोनों नारायण अय्यर के घर बैठकर गणित की समस्याओं को स्लेटों पर एक साथ हल करते थे। वहीं कई बार रामानुजन उनको गणित के सूत्र बताते। वे सूत्र बताते, जो उनको (रामानुजन को)

पहली रात को ही स्वप्न में आए थे। नारायण अय्यर स्वयं एक अच्छे गणितज्ञ थे, फिर भी उन्हें रामानुजन को समझने में समय लगता था। कितनी ही बार जो बात रामानुजन दो पदों (steps) में कह देते थे, नारायण उसे दस पदों में लिखकर समझते-समझाते। नारायण अय्यर ही रामानुजन की अप्रतिम गणितीय प्रतिभा का वर्णन समय-समय पर सर फ्रांसिस से किया करते थे, जिसके कारण सर फ्रांसिस भी रामानुजन में विशेष रुचि लेने लगे थे।

कई जनश्रुतियाँ रामानुजन के यहाँ के सेवाकाल से जुड़ी हैं। उनके एक सहकर्मी के अनुसार, एक मित्र ने उन्हें कार्यालय के समय बंदरगाह की गोदी में, जहाँ जहाज से सामान उतारा-चढ़ाया जा रहा था, पैकिंग कागजों, जिनपर वह अपना गणित का कार्य कर सकें, ढूँढ़ते हुए पाया।

एक बार सर फ्रांसिस ने नारायण अय्यर को अपने कक्ष में बुलाकर पूछा, "अन्य महत्त्वपूर्ण कागजों के साथ आपने कुछ कागज, जिनपर गणित के सूत्र आदि लिखे हैं, क्यों मिला दिए हैं? क्या आप दफ्तर में बैठकर व्यर्थ में गणित पर काम किया करते हैं?"

नारायण अय्यर ने सफाई दी, "वे कागज मेरे नहीं हैं और वह लिखावट भी मेरी नहीं है।"

सर फ्रांसिस हँसे और बोले, "हाँ, भाई, मैं पहले से जानता था कि यह रामानुजन की करतूत है।"

नारायण अय्यर के पुत्र श्री एन. सुब्रनारायण ने श्री पी.के. श्रीनिवासन द्वारा संपादित 'रामानुजन लेटर्स एंड रेमिनिसेंसज' का एक लेख (112 पृष्ठ) इस विषय में बहुत सटीक है। उन्होंने लिखा है—

"उनकी प्रतिभा की गहराई को दिखाने के लिए मैं उस समय की घटना का उल्लेख करना चाहता हूँ, जब श्री रामानुजन मेरे पिताजी के साथ ठहरे हुए थे और हम लोग नंबर 580, पाइक्रोफ्ट रोड, ट्रिप्लिकेन में रहते थे। उन दिनों रामानुजन और मेरे पिता प्रत्येक रात्रि को घर की छत की मुँडेर पर दो बड़ी स्लेटों पर गणित किया करते थे। यह क्रम रात में लगभग साढ़े ग्यारह बजे तक चलता था और घर के अन्य सदस्यों के लिए परेशानी का कारण था। मुझे स्लेटों की पेंसिलों की ध्वनि का स्पष्ट ध्यान है, क्योंकि वह मेरी नींद में पार्श्व-संगीत का काम करती थी।

'कई रातों को मैंने देखा कि श्री रामानुजन रात में जागे और लालटेन के मंद प्रकाश में स्लेट पर कुछ लिखने लगे। जब मेरे पिताजी ने पूछा कि क्या लिख रहे हो, तो वह उत्तर में बताते कि स्वप्न में मैंने गणित किया है और अब याद रखने के लिए

स्लेट पर लिख रहा हूँ। स्पष्ट रूप से यह इस बात का प्रमाण है कि अर्धचेतन अवस्था में उनमें गणित करने और समझने की असाधारण शक्ति थी।''

''विचित्र बात यह थी कि मेरे पिता इस प्रकार रामानुजन द्वारा लिखे गए गणित पर कुछ शंकाएँ करते थे। एक पद और दूसरे पद में काफी भेद रहता था। मेरे पिता, जो स्वयं एक अच्छे गणितज्ञ थे, रामानुजन की खोजों की लंबी छलाँगों को समझने में असमर्थ थे। वह उनसे कहा करते थे—जब मैं तुम्हारे लिखे पदों को नहीं समझ पाता हूँ तो मुझे नहीं पता कि अन्य पारखी गणितज्ञ कैसे तुम्हारी प्रतिभा को स्वीकार करेंगे। तुम्हें मेरे स्तर पर उतरकर अपने दो पदों के बीच में कम-से-कम दस पद और लिखने चाहिए।''

''तब श्री रामानुजन का उत्तर होता था, 'जब यह सब इतना सरल और स्पष्ट है तब और समझाने के लिए मैं क्यों लिखूँ?''

धीरे-धीरे मेरे पिता उनको घेर लाने में सफल हो जाते थे। वह उनको फुसलाकर कुछ और विवरण लिखवा ही लेते थे, यद्यपि यह रामानुजन के लिए बहुत उबानेवाली बात होती थी।

□

10

मद्रास पोर्ट ट्रस्ट में गणित करने का प्रोत्साहन

रामानुजन के समय में भारत ब्रिटिश साम्राज्य का अंग था। प्रमुख और उच्च स्थानों पर अंग्रेज पदाधिकारी थे, जो भारतीयों से सामाजिक एवं वैचारिक स्तर पर बिलकुल अलग-थलग थे। उनसे भारतीयों के संपर्क बहुत सीमित थे तथा उनसे मिलने और अपनी समस्याओं को रखने में साधारणत: भारतीय बहुत सकुचाते थे। परंतु रामानुजन के बारे में प्रेसीडेंसी कॉलेज के कुछ अंग्रेज प्राध्यापक तथा सर फ्रांसिस स्प्रिंग आदि जानने लगे थे। इधर रामचंद्र राव, नारायण अय्यर आदि कुछ अन्य प्रभावशाली भारतीय भी उनमें रुचि ले रहे थे।

नारायण अय्यर, रामचंद्र राव तथा अन्य शुभचिंतक प्रयत्नशील थे कि पोर्ट ट्रस्ट में कार्य करते समय रामानुजन को गणित में कार्य करने के पूर्ण अवसर मिलते रहें तथा कुछ ऐसा संयोग भी बन जाए कि वह किसी अंग्रेज गणितज्ञ के साथ अपने शोध कार्य को समुचित रूप से आगे बढ़ा सकें।

रामचंद्र राव के कहने पर मद्रास इंजीनियरिंग कॉलेज में सिविल इंजीनियरिंग के प्रो. सी.एल.टी. ग्रीफिथ ने दो कार्य किए। उन्होंने यूनिवर्सिटी कॉलेज, लंदन विश्वविद्यालय के गणितज्ञ एम.जे.एम. हिल के पास रामानुजन के कुछ कार्य को भेजा और उसके आधार पर रामानुजन की प्रतिभा के विषय में उनकी सम्मति माँगी। प्रो. हिल ने श्री ग्रीफिथ को बीस वर्ष पहले पढ़ाया था। ग्रीफिथ ने 12 नवंबर, 1912 को सर फ्रांसिस को पत्र लिखा, जो इस प्रकार था—

''प्रिय सर फ्रांसिस, आपके कार्यालय में रामानुजन नाम का एक युवक, पच्चीस रुपए प्रतिमाह पर एकाउंटेंट है, जो बड़ा विलक्षण गणितज्ञ भी है। वह निर्धन है, परंतु मैं आशा करता हूँ कि आप उसे नौकरी में तब

तक अवश्य प्रसन्न रखेंगे जब तक उसकी असाधारण क्षमता के उपयोग का कोई अन्य समुचित प्रबंध नहीं हो जाता। सही आकलन करके उसकी वास्तविक प्रतिभा के बारे में अपनी सम्मति देने के लिए मैंने एक गणितज्ञ लिखा है। उसे पुस्तकें खरीदने हेतु धन तथा कार्य चलाते रखने हेतु फुरसत की आवश्यकता है; परंतु जब तक घर से कोई बात नहीं पता लगती, मुझे उसे बहुत अधिक धन और समय देने के बारे में भी ठीक से निश्चित करने में संकोच हो रहा है।"

सर फ्रांसिस ने भी रामानुजन के कार्य को आँकने के अपने सूत्र निकाले। उन्होंने मद्रास के 'डायरेक्ट ऑफ पब्लिक इंस्ट्रक्शन' के श्री ए.जी. बोर्न से सलाह माँगी। श्री बोर्न ने दो व्यक्तियों के नाम भेजे और सलाह दी कि वह उनमें से एक अथवा दोनों से मिलने के लिए रामानुजन को भेजें। उनमें से एक नाम डब्ल्यू. ग्राहम का था, जो मद्रास में एकाउंटेंट जनरल थे। साथ ही उन्होंने अपनी ओर से लिखा—"यदि वह गणितज्ञ, कार्य न समझने पर भी, उसकी प्रशंसा न कर सके तो मुझे रामानुजन की प्रतिभा पर संदेह ही होगा।"

दो सप्ताह पश्चात् रामानुजन श्री ग्राहम से मिले। मिलने के पश्चात् श्री ग्राहम ने बहुत ही अस्पष्ट शब्दों में लिखा—"वह एक बड़ा गणितज्ञ बनने की क्षमता रखता है अथवा नहीं, यह तो मैं नहीं कह सकता। उसमें मस्तिष्क है, ऐसा मुझे अवश्य लगा है। संभव है कि उसका मस्तिष्क गणना में निपुण एक लड़के जैसा भर हो।"

कुछ प्रतीक्षा के पश्चात् प्रो. हिल का लंदन से एक पत्र आया। उन्होंने रामानुजन के भेजे गए कार्य को सरसरी दृष्टि से देखा था और उनका ध्यान विशेष रूप से रामानुजन की प्रस्तुतीकरण की कमियों की ओर गया था। उन्होंने रामानुजन के लिए लिखा था—"उसे लिखने में बहुत ध्यान देना चाहिए। ऐसे प्रतीकों (symbols) का प्रयोग नहीं करना चाहिए, जिनका विवरण न दिया हो। उसके कार्य से कुछ अर्थ निकाले तो जा सकते हैं। यदि उसे अपने कार्य की कमियों को ठीक करना है तो ब्राउनविच की पुस्तक 'थ्योरी ऑफ इनफाइनाइट सीरीज' का अध्ययन करना चाहिए।" इस प्रकार श्री ग्रीफिथ के मूल प्रश्न कि रामानुजन में कुछ असाधारण प्रतिभा है या नहीं, का उत्तर प्रो. हिल ने अपने इस पत्र में स्पष्ट रूप से नहीं दिया था।

कुछ दिनों के पश्चात् प्रो. हिल का दूसरा पत्र प्रो. ग्रीफिथ को मिला। इसमें

भी कोई निश्चित धारणा तो नहीं दी गई थी, परंतु वह पहले पत्र की तुलना में अधिक उत्साहवर्धक था। उन्होंने लिखा था—"रामानुजन ने बर्नोली नंबरस के कतिपय गुणों (properties) को बिना उनको सिद्ध किए लिख दिया है। इस कारण तथा कुछ अन्य कमियों के कारण, मुझे विश्वास है कि लंदन मैथेमेटिकल सोसाइटीवाले अपनी प्रोसीडिंग्स में उसका यह शोधपत्र प्रकाशित करने के लिए तैयार नहीं होंगे।"

साथ ही उन्होंने यह भी लिखा—"रामानुजन को निस्संदेह गणित का अच्छा ज्ञान है और उसमें इसकी कुछ क्षमता भी लगती है; परंतु वह गलत दिशा में लगा हुआ है। उसको पता नहीं है कि अनंत श्रेणियों के अध्ययन में बहुत सतर्कता की आवश्यकता है, नहीं तो वह आपके द्वारा भेजे निम्नलिखित त्रुटिपूर्ण निष्कर्ष कैसे प्राप्त करता—

$$1 + 2 + 3 + \ldots \ldots = -1/12$$

$$1^2 + 2^2 + 3^2 + \ldots \ldots = 0$$

$$1^3 + 2^3 + 3^3 + \ldots \ldots = 1/240$$

"इन सारणियों के n पदों का योग क्रमशः $n(n + 1)/2$, $n(n + 1)(2n + 1)/6$ तथा $n^2(n + 1)^2/4$ है। n के अनंत होने पर सभी अनंत हो जाते हैं। मेरे विचारानुसार, इससे अच्छी दूसरी बात नहीं हो सकती कि आप उसे ब्राउनविच की पुस्तक 'थ्योरी ऑफ इनफिनिट सीरीज' की एक प्रति उपलब्ध करा दें।"

प्रो. हिल के पत्रों में रामानुजन के लिए कार्य को ढंग से करने की अच्छी सलाह तो थी, परंतु ऐसा कुछ नहीं था जिसके सहारे वह गणित के क्षेत्र में शोध करने के लिए आगे बढ़ सकें। इन पत्रों से उनके शुभचिंतकों ने उन्हें पश्चिम के गणितज्ञों से संपर्क करने के लिए उत्साहित किया और सहायता भी दी। उनके इन शुभचिंतकों में प्रमुख थे—कॉलेज के पुराने अध्यापक सिंगरवेलु मुदालियर, कुंभकोणम कॉलेज के भवानीस्वामी राव, पुराने मित्र नरसिंहा, श्री रामचंद्र राव, श्री नारायण अय्यर, सर फ्रांसिस स्पिंग, प्रो. शेषु अय्यर आदि।

रामानुजन ने कैंब्रिज विश्वविद्यालय के प्रमुख गणितज्ञों को पत्र लिखना आरंभ किया और पत्रों के साथ अपने कार्य के नमूने भी लगाए। उन्होंने क्रमशः प्रो. एच.एफ. बेकर तथा प्रो. ई. डब्ल्यू., प्रो. हॉब्सन को पत्र लिखे। प्रो. बेकर की आयु तब अड़तालीस वर्ष रही होगी। वह बत्तीस वर्ष की आयु में रॉयल सोसाइटी के फेलो चुन लिये गए थे। सन् 1910 में स्याल्वेस्टर पदक उन्हें मिला था। एक वर्ष पहले वह लंदन मैथेमेटिकल सोसाइटी के अध्यक्ष रहे थे। उनकी जीवनी लिखनेवाले ने उन्हें पुरानी पीढ़ी के उन विद्वानों की श्रेणी में रखा है, जो नए विचारों का आदर

एवं स्वागत नहीं करते। प्रो. हॉब्सन वरिष्ठ रैंगलर रहे थे तब वे लगभग साठ वर्ष के थे। उन्होंने एक पुस्तक लिखी थी, जिसे बहुत ही सुव्यवस्थित एवं विशद माना जाता था। वे महिलाओं को डिग्रियाँ देने के कट्टर विरोधी थे। शोध को साधारणतया महत्त्व नहीं देते थे। दोनों ने ही सरल शब्दों में रामानुजन के कार्य को महत्त्व नहीं दिया और शोध करने के लिए अपने साथ बुलाने से मना कर दिया। यह उल्लेखनीय है कि बाद में, सन् 1914 में जब रामानुजन कैंब्रिज गए तब इन्हीं दोनों महानुभावों से उनकी भेंट हुई। केवल इतना ही नहीं, जब दिसंबर 1917 में रामानुजन को रॉयल सोसाइटी का फेलो बनाने का प्रस्ताव बारह गणितज्ञों ने विधिवत् दिया तब उनमें भी ये दोनों सम्मिलित थे।

इसी बीच जब रामानुजन ने प्रो. शेषु अय्यर को 'नंबर थ्योरी' पर अपने कुछ नए सूत्र दिखाए तो उन्होंने रामानुजन का ध्यान हार्डी की कैंब्रिज टेक्स्ट 'ऑर्डर्स ऑफ इनफिनिटी' की ओर दिलाया। उसमें हार्डी ने लिखा था—'अभी तक ऐसी कोई राशि (expression) नहीं मिली है, जो यह बता सके कि किसी पूर्णांक से कम कितने रूढ़ पूर्णांक (prime numbers) होंगे।' इसपर रामानुजन ने कहा कि उन्होंने वह राशि निकाल ली है, जिसके बारे में हार्डी ने कहा है कि ज्ञात नहीं है। रामानुजन के ऐसा कहने पर प्रो. शेषु अय्यर ने उनको प्रो. हार्डी को पत्र लिखने की सलाह दी। 16 जनवरी, 1913 को रामानुजन ने प्रो. जी.एच. हार्डी को लिखा। तब प्रो. हार्डी पैंतीस वर्ष के थे और वह ब्रिटेन में गणित में नई विचारधारा के प्रवर्तक के रूप में जाने जाते थे।

□

11

प्रो. हार्डी की संक्षिप्त जीवनी

प्रो. हार्डी

रामानुजन के जीवन में प्रो. हार्डी का वह स्थान रहा है, जो एक हीरे के लिए उसको तराशनेवाले का होता है। रामानुजन एक अद्‍भुत गणितज्ञ-हीरा थे। वह चमके, परंतु उन्हें चमकाने में प्रो. हार्डी की प्रमुख भूमिका रही।

प्रो. हार्डी का पूरा नाम गोडफ्रे हैरॉल्ड हार्डी था। उनका जन्म 7 फरवरी, 1877 को क्रैनले (सरे) में एक साधारण परिवार में हुआ था। उनके पिता का नाम आइजक हार्डी और माता का नाम सोफिया हार्डी था। पिता आइजक हार्डी क्रैनले स्कूल में भूगोल के अध्यापक थे और माता लिंकन ट्रेनिंग कॉलेज में वरिष्ठ अध्यापिका रहीं। उनके बाबा जीवन भर मजदूरी करते रहे थे और नाना 'बेकरी' का काम करते थे। माता-पिता दोनों ही विनम्र स्वभाव के व्यक्ति थे। प्रो. हार्डी की एक बहन, जरट्रूड एडिथ, उनसे दो वर्ष छोटी थीं। माँ-बाप ने दोनों बहन-भाई की अच्छी शिक्षा का प्रबंध किया और दोनों ही जीवन भर अविवाहित रहे। जी.एच. हार्डी ने शैशव काल से ही गणित को समझने और करने में विशेष क्षिप्रता के लक्षण दिखाए तो उन्हें साधारण रूप से कक्षा में न पढ़ाकर निजी कोचिंग के द्वारा गणित में आरंभिक शिक्षा दी गई।

प्रसिद्धि प्राप्त करने के पश्चात् उन्होंने एक पुस्तक 'ए मैथेमेटिशियन्स अपोलॅजी' लिखी, जिसका प्रथम संस्करण सन् 1967 में प्रकाशित हुआ। उस पुस्तक से उनके विचारों तथा उनके जीवन की कुछ झाँकी मिलती है। उनमें गणित के प्रति स्पर्धा थी। उन्होंने लिखा है—''मैंने गणित को सदा परीक्षाओं और विद्वत्ता (scholarship) की दृष्टि से देखा। मैं प्रत्येक अन्य लड़के को पछाड़ना चाहता था

और उस मार्ग पर मैं निश्चित रूप से चलता रहा।''

रामानुजन के साथ सहयोग उनके जीवन की एक बहुत बड़ी देन है और उन्होंने इसपर सदा गर्व किया है। अपने जीवन की सार्थकता को प्रो. हार्डी ने कुछ इन शब्दों में व्यक्त किया है—''उदासी के उन क्षणों में जब मैं आडंबर-प्रिय तथा उबाऊ व्यक्तियों से घिर जाता हूँ तो मैं स्वयं से कहता हूँ—मैंने रामानुजन एवं लिटिलवुड दोनों के साथ बराबर के स्तर पर वह सहयोग किया है, जो ये लोग कदापि न कर पाते।''

बारह वर्ष की आयु में हार्डी को इंग्लैंड के विनचेस्टर पब्लिक स्कूल में, जो गणित में सर्वश्रेष्ठ माना जाता था, पारितोषिक मिला। उन्नीस वर्ष की आयु में उन्होंने वहाँ से अपनी शिक्षा समाप्त की और आगे की शिक्षा के लिए ट्रिनिटी कॉलेज पहुँचे।

ब्रिटेन में दो विश्वविद्यालयों—कैंब्रिज एवं ऑक्सफोर्ड—का विशेष स्थान रहा है। सन् 1904 में हैवलॉक एलिस ने 'स्टडी ऑफ ब्रिटिश जीनियस' में जो तथ्य दिए हैं, उनके अनुसार ब्रिटेन के विश्वविद्यालयों से निकले तथा उच्च पदों एवं प्रसिद्धि को प्राप्त करनेवालों में 74 प्रतिशत लोग इन्हीं दो विश्वविद्यालयों की देन थे।

सन् 1730 से ब्रिटेन में 'ट्राइपॉस' नामक एक परीक्षा किसी व्यक्ति की गणित में प्रखरता का मापदंड बन गई थी। इसमें पहला, दूसरा अथवा तीसरा स्थान पाना बहुत अर्थ रखता था। दार्शनिक व्हाइटहेड, भौतिक शास्त्री मैक्सवेल तथा जे.जे. थॉमसन, बर्ट्रेंड रसेल, लॉर्ड केल्विन, जे.ई. लिटिलवुड आदि इस परीक्षा में पहले सफलता पाकर प्रसिद्धि पा चुके थे।

6 मार्च, 1929 को नॉर्वे के प्रख्यात गणितज्ञ एबेल (Abel) की मृत्यु की सौवीं वर्षगाँठ के अवसर पर नॉर्वे के सम्राट् की उपस्थिति में ओस्लो विश्वविद्यालय ने प्रो. हार्डी को मानद डिग्री प्रदान की थी। उनको इस प्रकार की मानद डिग्रियाँ एथेंस, हार्वर्ड, मैनचेस्टर, सोफिया, बर्मिंघम, एडिनबरा आदि विश्वविद्यालयों से भी मिली थीं। 27 दिसंबर, 1932 को उन्हें 'चोवेनेट पुरस्कार' मिला तथा सन् 1940 में उन्हें रॉयल सोसाइटी का 'सिल्वेस्टर पदक' प्रदान किया गया। सन् 1942 में वह कैंब्रिज विश्वविद्यालय के सैडलीरियन चेयर से सेवानिवृत्त हुए। इससे पूर्व सन् 1920 में उन्हें रॉयल सोसाइटी का रॉयल पदक मिल चुका था।

स्वास्थ्य ने प्रो. हार्डी का बहुत साथ नहीं दिया। सन् 1946 तक वह लगभग असहायावस्था में पहुँच गए थे। उनकी बहन उनकी देखभाल करती थीं, परंतु ट्रिनिटी के नियमों के अनुसार वह रात्रि में उनके कक्ष में नहीं रुक सकती थीं। वास्तव में सन् 1939 में हृदयाघात से उनके शारीरिक एवं भावनात्मक स्वास्थ्य को

भारी धक्का लगा। सन् 1947 में नींद की गोलियाँ खाकर प्रो. हार्डी ने आत्महत्या का प्रयास किया, परंतु गोलियाँ बहुत ही अधिक मात्रा में निगल लेने के कारण उन्हें उलटी हो गई और वह बच गए।

बाद में सन् 1947 में उन्हें रॉयल सोसाइटी का सर्वोच्च पदक 'कोपले पदक' मिला और इस पदक को प्रदान करने के दिन 1 दिसंबर, 1947 को ही उनका निधन हो गया। उनके निधन पर मैसाच्युसेट इंस्टीट्यूट ऑफ टेक्नोलॉजी के प्रो. नौबर्ट बीनर ने लिखा था—"उनका निधन हमें एक महान् युग की समाप्ति का आभास कराता है। निस्संदेह वह इंग्लैंड के महान् गणितज्ञों की श्रेणी में आते हैं।"

प्रो. हार्डी ने अपने जीवन-काल में 300 से अधिक शोधपत्र तथा कई पुस्तकें लिखीं। वह एक कट्टर नास्तिक थे। वह क्रिकेट के अच्छे खिलाड़ी और उसके उत्साही प्रशंसक थे। अपने एक मित्र को उनके द्वारा भेजे गए नव वर्ष के निम्नलिखित संकल्प उनकी आकांक्षाओं का निरूपण करते हैं—

1. रीमान् हाइपॉथसिस* को स्थापित करना।
2. क्रिकेट के किसी बहुत महत्त्ववाले मैच में उत्कृष्ट खेल दिखाना।
3. ईश्वर के अन-अस्तित्व का प्रमाण देना।
4. एवरेस्ट पर्वत की चोटी पर पहला व्यक्ति होना।
5. रूस, जर्मनी एवं ग्रेट ब्रिटेन के सम्मिलित राष्ट्र का प्रथम राष्ट्रपति होना।
6. मुसोलिनी की हत्या करना।

गणित के प्रति उनका दृष्टिकोण जटिल माना जा सकता है। किसी भी प्रमेय की विधिवत् उपपत्ति देने पर उनका इतना आग्रह था कि एक बार उन्होंने बर्ट्रेंड रसेल से कहा था, "यदि मैं तर्कसंगत रूप से यह सिद्ध कर सकूँ कि पाँच मिनट पश्चात् आपकी मृत्यु हो जाएगी, तो मुझे आपकी मृत्यु का दुःख अवश्य होगा, परंतु सिद्ध करने की खुशी में वह दुःख फीका पड़ जाएगा।"

उनके एक जीवनीकार, गणितज्ञ प्रो. स्नो, ने लिखा है कि प्रो. हार्डी ने रामानुजन को खोज निकालने की बात कभी किसी से नहीं छिपाई एवं मैरी कार्टराइट ने लिखा है कि "हार्डी रामानुजन को खोज निकालने के प्रति बहुत गर्व करते थे।" रामानुजन ने उनके जीवन का मूल्य बढ़ाया और वह अपने जीवन में रामानुजन को कभी विस्मृत नहीं कर पाए।

□

---

* Riemann Hypothesis states that the non-trivial roots of the Riemann Zeta Function defined on the complex plane C all have real part equal to ½. The line Re(z) = ½ is called the 'critical line.'. The proof or dis-proof of Riemann hypothesis has important consequences for 'Prime Number Theorem.'

12
प्रो. हार्डी से संपर्क के सूत्र

16 जनवरी, 1913 को रामानुजन ने जो पत्र प्रो. हार्डी को लिखा था, उसका हिंदी रूपांतर इस प्रकार है—

प्रिय महोदय,

मैं अपना परिचय मद्रास पोर्ट ट्रस्ट के एकाउंट्स विभाग के लिपिक के रूप में, जिसका वेतन 20 पाउंड प्रतिवर्ष है, देना चाहता हूँ। मेरी आयु लगभग तेईस वर्ष है। मेरी शिक्षा विश्वविद्यालय तक नहीं हुई है; मैंने स्कूल की साधारण शिक्षा ही ली है। स्कूल छोड़ने के पश्चात् मैं अपना खाली समय गणित करने में लगाता रहा हूँ। इसमें मैंने विश्वविद्यालयों के पाठ्यक्रम का अनुसरण नहीं किया है, बल्कि अपना ही एक नया मार्ग अपनाया है। मैंने 'डाइवर्जेंट सीरीज' में विशेष अनुसंधान किए हैं और उसपर जो फल निकाले हैं, उनको स्थानीय गणितज्ञों ने 'चौंकानेवाले' माना है।

आपसे मेरी विनती है कि आप कृपया संलग्न पृष्ठों का अवलोकन करें। निर्धन होने के कारण इनको प्रकाशित करना मेरे लिए कठिन है। यदि आपको विश्वास हो कि उनमें कुछ मूल्य का है तो मैं अपनी प्रमेयों (theorems) को प्रकाशित कराना चाहूँगा। मैंने वास्तव में अपनी खोज अथवा निकाली गई राशियों (expressions) को (संलग्न पृष्ठों में) नहीं दिया है, केवल अपने कार्य करने के ढंग को दरशाया भर है। आपके द्वारा दी गई कोई भी सलाह मेरे लिए बहुत मूल्यवान् रहेगी। आपको दिए कष्ट के लिए क्षमा माँगते हुए—

आपका अनुग्रहाकांक्षी

एस. रामानुजन

साथ लगे दस पृष्ठों में बीजगणित, त्रिकोणमिति और चलन-कलन (calculus) की शब्दावली में रामानुजन ने अपने शोध के अंशों को लिखा था। इस पत्र में तथा कुछ समय पश्चात् भेजे पत्र में मिलाकर लगभग 120 प्रमेय (theorems) थे, जो निश्चितात्मक-अवकलन (definite integrals) के मान निकालने, अनंत श्रेणियों के योग निकालने, श्रेणियों को अवकलनों (inegrals) से परिवर्तित करने, श्रेणियों तथा अवकलनों के निकटतम मान निकालने आदि से संबंधित थे। लिखाई साफ थी, ताकि विषय समझने में परेशानी न हो।

रामानुजन ने बहुत सी बातें विस्तार से न लिखकर जिस सतर्कता से काम लिया था, वह कदाचित् ठीक ही थी; परंतु हार्डी के लिए उससे समस्या असाध्य हो गई थी। उनकी पहली प्रतिक्रिया यह हुई कि यह भारतीय कोई सिरफिरा है, जो लंबी-लंबी बातें लिख रहा है। वास्तव में उनके पास कुछ लोगों के बेतुके लेख आते रहते थे, जिसमें अनजान लोग गुह्य सूत्र आदि को निकालने का दावा करते रहते थे। एक तीव्र दृष्टि दौड़ाकर उन्होंने रामानुजन के गणित के पृष्ठों को अलग रखा दिया और अन्य कार्यों में लग गए।

प्रो. सी.पी. स्नो ने बाद में प्रो. हार्डी की तब की मनोदशा का अच्छा वर्णन किया है। उनके अनुसार—रात में जब टेनिस खेलकर वह लौटे तो उनके मस्तिष्क में रामानुजन की वह प्रमेय द्वंद्व मचा रहा था। विभिन्न विचारों के बीच उनको कहीं यह लग रहा था कि उस प्रकार के फल उन्होंने देखे नहीं हैं। उन्होंने उनके बारे में जितना सोचा उतना ही वह उलझते गए। रात छा गई, परंतु रामानुजन की प्रमेयों का सिर-पैर उन्हें नहीं मिला। उन्होंने निश्चय किया कि वह अपने सहकर्मी प्रो. लिटिलवुड को यह कार्य दिखाकर उनसे सलाह करेंगे।

प्रो. लिटिलवुड अपने समय में गणित के प्रकांड विद्वान् थे। तब ब्रिटेन में उन्हें तथा प्रो. हार्डी को ही गणित में उच्चतम स्थान दिया जाता था। वह भी ट्राइपॉस के वरिष्ठ रैंगलर रहे थे। उन्होंने प्रो. हार्डी के साथ कई शोधपत्र तथा पुस्तकें लिखी हैं।

स्नो के अनुसार, प्रो. हार्डी ने लिटिलवुड को मिलने के लिए सूचना दी। दोनों लोग रात्रि को लिटिलवुड के कमरे में मिले। प्रो. हार्डी ने मेज पर रामानुजन के हस्तलिखित पृष्ठ रख दिए। दोनों उनपर गहन विचार करने लगे। रामानुजन ने अपने निकाले सूत्रों की उपपत्तियाँ (proofs) तो दी नहीं थीं, अतः उनको समझने के लिए उन्होंने उनको स्वयंसिद्ध करने के प्रयत्न किए। कुछ ठीक निकले एवं कुछ में अशुद्धियाँ मिलीं। कुछ कठिन लगे और उनको स्थापित करने में विफल रहे। हाँ,

कुछ सूत्र ऐसे निकले, जो हार्डी के थोड़े समय पूर्व निकाले गए सूत्रों से अधिक उन्नत तथा उनका विस्तृत रूप (generalizations) थे। इस प्रकार के फल देखकर दोनों विस्मय करने लगे। मध्य रात्रि होते-होते दोनों इस निष्कर्ष पर पहुँचे कि उनके सम्मुख रखे गणित के सूत्र निकालनेवाला व्यक्ति निश्चय ही असाधारण गणितीय प्रतिभा का धनी है। उन्हें यह भी विश्वास हो गया कि जो शोध कार्य रामानुजन ने भेजा है, उसमें किसी प्रकार के धोखे की संभावना नहीं है। जो साध्य सही नहीं थे, उसका कारण उन्होंने रामानुजन की उचित शिक्षा की कमी को माना।

रामानुजन के कार्य को देखकर प्रो. हार्डी इतने उत्तेजित एवं प्रसन्न हुए थे कि उन्होंने रामानुजन के वे साध्य कैंब्रिज में कई लोगों को दिखाए। पूरे विश्वविद्यालय में एक लहर सी दौड़ गई। उन्होंने रामानुजन द्वारा निकाले गए निष्कर्ष उनके विषयों के कतिपय विशेषज्ञों के पास भी भेजे।

अंत में 8 फरवरी, 1913 को उन्होंने रामानुजन को एक पत्र लिखा। हिंदी में उनका पत्र इस प्रकार होता—

प्रिय महोदय,

आपके द्वारा भेजे गए पत्र तथा साध्य मुझे अत्यंत रुचिकर लगे हैं। परंतु आपके कार्य का सही मूल्यांकन करने से पूर्व आपके कुछ साध्यों की उपपत्तियों (proofs) को देखना मुझे आवश्यक लग रहा है। अतः मैं आपके साध्यों की उपपत्तियों को देखना चाहता हूँ। आपके साध्य मुझे तीन श्रेणियों के लगते हैं—

1. *कई साध्य ऐसे हैं, जो पहले से ज्ञात हैं या ज्ञात प्रमेयों से निकाले जा सकते हैं;*
2. *वे साध्य मेरी जानकारी के अनुसार नए तथा रुचिकर हैं। उन्हें उत्कंठा और कठिन होने के आधार पर रुचिकर कहना ठीक होगा, न कि उनकी महत्ता के आधार पर;*
3. *कुछ साध्य नए हैं और महत्त्वपूर्ण भी हैं। परंतु वह पूर्णता सब कष्ट-साध्य उपपत्तियों (rigorous proofs) पर निर्भर करता है, जिसका उपयोग आपने किया है।*

इन तीन प्रकार के निष्कर्षों के उदाहरण-स्वरूप मैं''

आपके इस कथन कि आपको उचित शिक्षा की कमी रही है, को यदि अक्षरशः सत्य मान लिया जाए तो कुछ साध्यों का पुनः निकालना

भी आपके लिए बड़े प्रशंसा की बात है। आपने अपने साध्यों को कुछ इस प्रकार लिखा है कि उनके वास्तविक रूप को समझने में भी कठिनाई हुई है।

इसके अतिरिक्त प्रो. लिटिलवुड आपका वह सूत्र भी देखना चाहते हैं, जिससे 'प्राइम नंबर्स' की संख्या का पता लगाया जा सकता है। मैं पुनः कहना चाहता हूँ कि आप अपने अधिक-से-अधिक साध्यों की उपपत्तियाँ भेजें।

मुझे ऐसा प्रतीत होता है कि आपने प्रकाशन लायक बहुत से कार्य किए हैं और आप यदि उसका संतोषजनक प्रस्तुतीकरण कर सकें तो इस ओर आवश्यक सहायता करके मैं प्रसन्नता का अनुभव करूँगा।''

यह पत्र रामानुजन के पास फरवरी के तीसरे सप्ताह में पहुँचा। परंतु प्रो. हार्डी केवल पत्र-व्यवहार तक सीमित नहीं रहना चाहते थे। रामानुजन की प्रतिभा और शिक्षा की कमी को देखते हुए वह चाहते थे कि रामानुजन इंग्लैंड आएँ, यहाँ के गणितज्ञों से मिलें, अपनी गणितीय पार्श्वभूमि को सुधारें और पूर्णरूप से सही दिशा में कार्यरत हों। अतः उन्होंने रामानुजन को कैंब्रिज बुलाने की योजना भी बनाई। इस योजना के अंतर्गत पत्र लिखने से एक सप्ताह पूर्व ही प्रो. हार्डी ने लंदन में स्थित 'इंडिया ऑफिस' से रामानुजन को इंग्लैंड बुलाने के लिए संपर्क किया था। 3 फरवरी को वहाँ के श्री मैलेट ने मद्रास में 'भारतीय विद्यार्थियों के लिए सलाहकार समिति के सचिव श्री आर्थर डेविस को इस संबंध में लिख भी दिया था। बाद में उसी माह श्री डेविस रामानुजन से और सर फ्रांसिस की सलाह पर नारायण अय्यर से भी मिले। दोनों को ही उन्होंने यह बतला दिया था कि प्रो. हार्डी की इच्छा रामानुजन को कैंब्रिज बुलाने की है। वास्तव में रामानुजन को लिखा हार्डी का उपर्युक्त पत्र आर्थर डेविस के मिलने के बाद ही रामानुजन को मिला था।

□

13
इंग्लैंड जाने का निर्णय अभी नहीं

रामानुजन ने कैंब्रिज जाना स्वीकार नहीं किया। वह एक संस्कारित और कर्मकांडी ब्राह्मण थे। हिंदू समाज और विशेष रूप से ब्राह्मण समाज में समुद्र पार की यात्रा को तब वर्जित माना जाता था। प्रो. हार्डी के बुलाने पर भी वहाँ जाना स्वीकार न करने का एक कारण यही रहा होगा, जो प्रत्यक्ष में अपने निकट के व्यक्तियों के सामने रखा भी गया होगा। उनके माता-पिता, विशेष रूप से माता, अवश्य उन्हें विदेश भेजने के पक्ष में नहीं रही होंगी; परंतु इसके अन्य कई कारण भी स्पष्ट दिखाई देते हैं।

पहला महत्त्वपूर्ण कारण स्वयं 'इंडिया ऑफिस' की इस संबंध में भूमिका हो सकती है। बाद में, जब पुनः रामानुजन के इंग्लैंड जाने की बात उठी और धन का प्रश्न सामने आया, तब भी 'इंडिया ऑफिस' ने इस मद में धन का प्रबंध करने से साफ मना कर दिया था। अतः संभव है कि ऑर्थर डेविस ने इस प्रस्ताव को पूरी निष्ठा से न रखा हो। तब विदेशी लोग भारतीयों से संवेदनापूर्वक व्यवहार नहीं करते थे। जिसमें उनकी विशेष रुचि अथवा सरकारी जिम्मेदारी न हो, उसको वह टालू तरीके से प्रस्तुत करते थे और उनका व्यवहार भी संदेह पैदा करता था। धन के अतिरिक्त रामानुजन को यह स्पष्ट नहीं किया गया होगा कि उन्हें इंग्लैंड जाकर क्या करना है।

इंग्लैंड न जाने के रामानुजन के कुछ व्यक्तिगत कारण भी थे। वह शाकाहारी थे और किसी अनजान व्यक्ति का बनाया भोजन ग्रहण नहीं करते थे। उन्हें अंग्रेजी भाषा के अपने ज्ञान पर भी पूरा भरोसा नहीं था। उन्हें यह लगा होगा कि वहाँ जाकर उन्हें विश्वविद्यालय में आगे की शिक्षा लेनी होगी और परीक्षाएँ पास करनी होंगी। इन कारणों से वह मद्रास में ही रहकर, किसी प्रकार कोई छात्रवृत्ति पाकर गणित में कार्य करने के लिए ही प्रयत्नशील थे। यह बात उन्होंने अपने 27 फरवरी, 1913 के

पत्र में भी लिखी। पत्र दस पृष्ठों का था और उसमें कुछ अन्य सूत्र लिखे थे। इस पत्र के कुछ अंशों का हिंदी अनुवाद इस प्रकार है—

"आपके पत्र में कई स्थानों पर मैंने पाया है कि समुचित उपपत्तियाँ देनी आवश्यक हैं और आपने अपनी सिद्ध करने की प्रणाली को भेजने के लिए मुझे कहा भी है। मुझे विश्वास है कि आप लंदन के प्रोफेसर का मार्ग ही अपनाएँगे। परंतु वास्तव में मैंने उन्हें कोई उपपत्तियाँ नहीं भेजीं, केवल अपनी नई पद्धति के आधार पर कुछ दृढ़ कथन भर किए। मैंने उनसे कहा कि मेरी नई प्रणाली के अनुसार 1 + 2 + 3 + 4 +...= – 1/12 है। यदि मैं आपसे यह स्वीकार करने को कहूँ तो आप तत्काल ही कहेंगे कि मेरा ध्येय पागलखाने जाना है। इसलिए कह रहा हूँ कि आप सिद्ध करने की मेरी पद्धति को किसी एक पत्र के माध्यम से समझ नहीं पाएँगे। आपका प्रश्न हो सकता है कि गलत आधार पर प्राप्त किए गए निष्कर्षों को आप कैसे स्वीकार कर लें। मैं केवल यह कहना चाहता हूँ कि आज के चक्र में चल रहे गणित के आधार पर मेरे द्वारा निकाले गए निष्कर्षों की जाँच आप करें और यदि उन्हें सही पाएँ तो यह भी स्वीकार करें कि मेरे गणितीय आधार में कहीं सत्यता है।

"अतः इस समय मैं आप जैसे प्रतिष्ठित प्राध्यापकों से यह मान्यता भर चाहता हूँ कि मेरा कोई मूल्य है। मैं इस समय अधभुखमरी की स्थिति में हूँ। अपने मस्तिष्क को चलाते रखने के लिए मेरी पहली आवश्यकता भोजन की है। आपका एक सहानुभूतिपूर्ण पत्र मुझे यहाँ विश्वविद्यालय अथवा सरकार से छात्रवृत्ति दिला पाने में सहायक हो सकता है।

"संभव है कि आप यह धारणा बना लें कि सिद्ध करने की मैं अपनी प्रणाली पर मौन रहना चाहता हूँ। मैं पुनः यह कहना चाहता हूँ कि यदि मैं संक्षेप में अपनी प्रणाली की बात करूँ तो मुझे गलत ही समझा जाएगा। अतः यह मेरी अनिच्छा का द्योतक नहीं है। मुझे आशंका

---

* देखने पर यह बात बड़ी ही अटपटी थी। इस श्रेणी का योग अनंत है। बाद में जब रामानुजन कैंब्रिज पहुँचे, तब उन्हें रामानुजन से बात करने के बाद इसका रहस्य समझ में आया। इसमें एक अन्य संख्या 'कांस्टेंट' भी आती थी, जिसको रामानुजन ने 'सेंटर ऑफ ग्रेविटी' की संज्ञा दी थी। यह रामानुजन द्वारा 'डाइवर्जेंट सीरीज' को एक नया अर्थ देने की प्रक्रिया थी।

है कि मैं अपनी बात पत्र द्वारा पूरी तरह समझा नहीं पाऊँगा। मैं नहीं चाहता कि मेरे तरीके मेरे साथ समाप्त हो जाएँ। यदि मेरे द्वारा निकाले गए निष्कर्षों को आप जैसे प्रतिष्ठित व्यक्ति स्वीकार करेंगे तो मैं उन्हें प्रकाशित भी करूँगा।''

परंतु यह सत्य है कि प्रो. हार्डी उनके कैंब्रिज न आने से निराश थे। उन्होंने तब रामानुजन को तीन महीने के अंदर एक के बाद एक चार लंबे पत्र लिखे, परंतु बाद में उनके पत्र लंबे समय तक नहीं आए। इन पत्रों में प्रो. हार्डी ने वह सब लिखकर स्वीकार किया था, जो रामानुजन ने सिद्ध करने का दावा किया। इससे रामानुजन को उनपर विश्वास जम गया था और वह खुलकर उनसे पत्र-व्यवहार करने लगे थे।

□

14

मद्रास विश्वविद्यालय में शोध-वृत्ति

फरवरी 1913 में शिमला में 'डायरेक्टर जनरल ऑफ लेबोरेटरीज' के डॉ. गिल्बर्ट टी. वाकर मद्रास विश्वविद्यालय आए। वह भी एक सुप्रसिद्ध गणितज्ञ थे। वे वरिष्ठ रैंगलर, ट्रिनिटी कॉलेज के फेलो तथा वहाँ गणित के लेक्चरर रहे थे। भारत में कई वर्षों से मौसम के बारे में ठीक जानकारी की कमी के कारण कई कार्य गड़बड़ाए थे और मानसून की सही जानकारी का महत्त्व बढ़ गया था। तब सरकार ने उन्हें 'इंडियन मेट्रोलॉजिकल' विभाग का अधिकारी बनाकर भारत बुलाया था।

सर फ्रांसिस ने उनसे रामानुजन का उल्लेख किया और रामानुजन की नोट-बुक्स देखने का आग्रह किया। 25 फरवरी, 1913 को डॉ. वाकर ने रामानुजन की नोट-बुक्स देखीं। वह भी उस कार्य से बहुत प्रभावित हुए। अगले दिन ही उन्होंने मद्रास विश्वविद्यालय के रजिस्ट्रार को रामानुजन को शोध-विद्यार्थी बनाने की संस्तुति करते हुए इस आशय का एक पत्र लिखा—

'जो कार्य मैंने देखा है उसे मौलिकता में मैं कैंब्रिज कॉलेज के फेलो के समकक्ष मानता हूँ, यद्यपि परिस्थितियों के कारण उसमें पूर्णत्व तथा त्रुटिहीनता की कमी स्वाभाविक है। अतः उस कार्य को स्वीकार करने से पहले ठीक करना आवश्यक है। मैं शुद्ध गणित की उस शाखा का विशेषज्ञ नहीं हूँ, जिसमें उसने कार्य किया है। इसलिए संपूर्ण विश्वास से उसकी क्षमता का सही अनुमान नहीं लगा सकता हूँ, जो उसको यूरोपीय मान्यता के समान निश्चित कर सके। परंतु यह बात स्पष्ट है कि विश्वविद्यालय को उसे कम-से-कम कुछ वर्षों तक अपना पूरा समय, जीवनयापन की चिंताओं से दूर, गणित में लगाने का प्रबंध करने का पूरा औचित्य है।'

प्रो. हार्डी एवं वाकर के इन उत्साहवर्धक पत्रों से रामानुजन की स्थिति मद्रास विश्वविद्यालय से गणित-शोध में पूर्णरूप से जुड़ने के लिए स्पष्ट सी हो गई

थी। अतः मद्रास विश्वविद्यालय में इस ओर काररवाई आरंभ हुई।

डॉ. वाकर की संस्तुति के आलोक में इंजीनियरिंग कॉलेज के गणित के प्राध्यापक बी. हनुमंथा राव ने 'बोर्ड ऑफ स्टडीज इन मैथेमेटिक्स' की एक बैठक बुलाई। उसमें श्री नारायण अय्यर को रामानुजन के कार्य पर अपने विचार प्रस्तुत करने के लिए आमंत्रित किया। 19 मार्च को बोर्ड की बैठक में विश्वविद्यालय के सिंडिकेट को यह सुझाना तय किया गया कि रामानुजन को 75 रुपए प्रतिमाह की वृत्ति दो वर्षों तक गणित में शोध के लिए प्रदान की जाए।

सिंडिकेट की बैठक 7 अप्रैल को हुई। वहाँ यह प्रश्न उठा कि शोध-वृत्ति के लिए एम.ए. तक की शिक्षा आवश्यक है, जो रामानुजन के पास नहीं है। वहाँ मद्रास हाई कोर्ट के मुख्य न्यायाधीश श्री पी.ओ. सुंदरम अय्यर ने विश्वविद्यालय की प्रस्तावना में 'शोध को प्रोत्साहन' शब्दों के आधार पर किसी डिग्री विशेष की अनिवार्यता के विरुद्ध दलील दी, जो स्वीकार की गई। प्रो. हार्डी के पत्र आने के छह सप्ताह के अंदर ही सब मत रामानुजन के पक्ष में आ चुके थे। 12 अप्रैल को उन्हें शोध-वृत्ति दिए जाने की सूचना मिल गई। और अब वह अपना पूरा समय गणित में लगाने, विधिवत् कक्षाओं में तथा पुस्तकालय में जाने के लिए स्वतंत्र थे।

उन्होंने जॉर्ज टाउनवाला घर छोड़ दिया। प्रेसीडेंसी कॉलेज से लगभग डेढ़ मील दूर, हनुमंथारायन कोइल मार्ग पर स्थित घर में वह अपनी पत्नी, माता एवं नानी के साथ रहने लगे। यह घर 'पार्थसारथि मंदिर' के निकट ही था।

यहाँ उनका काम करने का एक अलग कक्ष था। वह दिन-रात शोध में ही लगे रहते थे। सुबह और शाम श्री नारायण अय्यर के साथ गणित पर कार्य करते। बहुधा कोनेमेरा पुस्तकालय, जिसमें विश्वविद्यालय की पुस्तकों का भी एक भाग था, में जाकर वे अध्ययन करते थे। उनकी पत्नी जानकी ने अपने संस्मरणों में उनके कार्य करने के बारे में इस प्रकार बताया है—'वह काम में इतना व्यस्त रहते थे कि बहुधा उन्हें भोजन करने के लिए भी याद दिलाना पड़ता था।' कभी-कभी तो उनकी माँ उन्हें अपने हाथों से खाना खिलाती थीं, जिससे गणित की किसी समस्या पर चल रहे उनके विचार-तंत्र में बाधा न पड़े। कई बार वह अपनी माँ या नानी से रात्रि के बारह बजे जगा देने को कहकर सो जाते और रात की निस्तब्धता में घंटों काम करते रहते। जानकीअम्मल का कहना था कि रात में जब भी उनकी आँखें खुलतीं, वह उन्हें काम करते हुए ही पाती थीं।

रामानुजन की उम्र लगभग छब्बीस वर्ष थी। उनका अपनी पत्नी जानकी से बड़ा क्षीण सा संबंध था। हाँ, एक बार रामानुजन ने पानी भरकर एक नली द्वारा उस

पानी को नीचे साइफन करके जानकी को गुरुत्वाकर्षण का सिद्धांत समझाया था। उन्हें अपनी माता द्वारा बनाई साँभर एवं रसम से चावल और बाद में दही खाना अति प्रिय था।

शोध-वृत्ति पाने के नाते उन्हें प्रति तीन माह में अपनी प्रगति का विवरण देना होता था। यह काम वह नियम से समय पर करते थे। उन्होंने पहला विवरण 5 अगस्त, 1913 को दिया। उसमें उन्होंने उस प्रमेय को लिखा, जो बाद में 'रामानुजन्स मास्टर थ्योरम' के नाम से प्रसिद्ध हुई। इस प्रमेय के प्रयोग से कितने ही नए प्रकार के 'डेफनिट इंटीग्रल्स' का मान निकाला जा सकता था। यह 'फ्रूल्लानी इंटीग्रल थ्योरम', जिसपर सन् 1902 में प्रो. हार्डी ने भी एक शोधपत्र प्रकाशित किया था, का विस्तारीकरण था।

□

15

हार्डी से आगे के पत्र-व्यवहार और नेविल

इस बीच रामानुजन और प्रो. हार्डी एक-दूसरे से पत्र-व्यवहार करते रहे। प्रो. हार्डी साध्यों की पूरी-पूरी उपपत्तियाँ माँगते रहे, मगर रामानुजन ने उन्हें वह नहीं भेजी। उस पत्र-व्यवहार से तंग आकर प्रो. लिटिलवुड ने प्रो. हार्डी को लिखा—"उसका पत्र इन हालात में पागल बनानेवाला है। मुझे तो यह शंका है कि उसे यह भय है कि कहीं तुम उसके कार्य को चुरा न लो।"

इसपर प्रो. हार्डी ने रामानुजन को लिखा—"मैं सब बातें स्पष्ट रूप से तुम्हारे सम्मुख रखना चाहता हूँ। तुम्हारे तीन लंबे साध्य जो मेरे पास हैं, जिनमें मैंने स्पष्ट लिखा है कि तुमने क्या-क्या सिद्ध किया है अथवा सिद्ध करने का दावा किया है। मैंने तुम्हारे पत्र श्री लिटिलवुड, डॉ. बार्नेस, श्री बेरी और अन्य गणितज्ञों को दिखाए हैं। यह बात निश्चित है कि यदि मैं तुम्हारे निष्कर्षों का कोई गैर-कानूनी दुरुपयोग करूँ तो मेरा भंडा फोड़ना तुम्हारे लिए सरल होगा। मुझे आशा है कि तुम मुझे यह सब इतने अति स्पष्ट शब्दों में रखने के लिए क्षमा करोगे। मैं ऐसा बिलकुल नहीं करता, यदि मैं हृदय से तुम्हारी गणितीय प्रतिभा को पल्लवित करने का अवसर देने का इच्छुक नहीं होता।"

रामानुजन ने बहुत ही शालीनता से इसका प्रतिकार किया। अप्रैल के मध्य में उन्होंने लिखा—"लिटिलवुड के सुझाव पर आपने जो लिखा है, उसे पढ़कर मुझे बहुत कष्ट हुआ है। मुझे दूसरों के द्वारा अपने साध्यों के ले लेने की तनिक भी शंका नहीं है। इसके ठीक विपरीत, मेरे तरीके मेरे पास पिछले आठ वर्षों से हैं और मुझे कोई उनकी प्रशंसा करनेवाला भी नहीं मिला है। जैसा मैंने अपने पिछले

पत्र में लिखा है, आप में मुझे एक संवेदनशील मित्र की प्राप्ति हुई है और बिना किसी दुराव के वह सबकुछ, जो कुछ थोड़ा-बहुत मेरे पास है, मैं आपको दे देना चाहता हूँ।''

इसके पश्चात् कई माह तक प्रो. हार्डी की ओर से कोई पत्र नहीं आया। रामानुजन के इंग्लैंड आने में रुचि न दिखाने तथा पत्र-व्यवहार से पैदा होनेवाली कुंठा के कारण प्रो. हार्डी भी कुछ हताश और विमुख हो गए थे। अंत में जनवरी के आरंभ में रामानुजन को प्रो. हार्डी का एक लंबा पत्र मिला। उसमें उन्होंने रामानुजन के एक 'प्रूफ', जो उन्हें पहले भेजा गया था, की त्रुटियों के बारे में लिखा और बताया कि इन त्रुटियों के कारण कैसे वह सही मार्ग से भटक गए हैं। बाद में यह भी लिखा था—

''मैं आशा करता हूँ कि मेरी आलोचना से तुम हतोत्साहित नहीं होगे। मेरे विचार से तुम्हारा तर्क बहुत कुशल एवं असाधारण है। जो तुम सिद्ध करना चाह रहे थे, वह यदि सिद्ध हो जाता तो गणित के पूरे इतिहास में एक चमत्कार हो जाता। हाँ, एक बात और है—श्री ई.एच. नेविल, जो आजकल मद्रास में अध्यापन के लिए आए हैं, से संपर्क करने का प्रयत्न करना। वह मेरे ही कॉलेज से हैं। अध्ययन करने तथा काम करने में तुम्हारे लिए उनकी सलाह बहुमूल्य रहेगी।''

वास्तव में प्रो. हार्डी ने नेविल को यह कार्य सौंपा था कि वह रामानुजन को कैंब्रिज लाने का सफल प्रयत्न करें। श्री नेविल मद्रास विश्वविद्यालय में 'डिफरेंशियल ज्योमिट्री' पर इक्कीस व्याख्यान देने आए थे और आयु में रामानुजन के समतुल्य ही थे। इस आयु में ही वह ट्रिनिटी कॉलेज के फेलो चुने जा चुके थे। रामानुजन उनके व्याख्यान सुनने जाते थे।

पहले व्याख्यान के बाद ही रामानुजन का नेविल से मिलना हुआ। नेविल ने बाद में लिखा है कि वह रामानुजन से बहुत प्रभावित हुए। उन्हें रामानुजन की अंग्रेजी वार्त्ता धाराप्रवाह तथा सारगर्भित लगी।

कम-से-कम तीन बार वह रामानुजन के साथ उनकी नोट-बुक को देखने के लिए बैठे। नेविल तब हक्के-बक्के रह गए जब तीसरी भेंट के पश्चात् रामानुजन ने उनसे कहा कि यदि वह चाहें तो आराम से देखने के लिए उनकी नोट-बुक अपने साथ ले जाएँ। नेविल ने लिखा है कि अपने प्रति इस विश्वास ने उन्हें चौंका दिया। उनका अनुमान था कि रामानुजन ने कभी अपनी नोट-बुक किसी को नहीं दी थी,

क्योंकि कोई भारतीय उसको समझ नहीं सकता था और कोई अंग्रेज विश्वसनीय नहीं था। वह सोचते थे कि रामानुजन मद्रास में मिले अंग्रेजों अथवा प्रो. हार्डी पर विश्वास नहीं करते हैं।

नेविल ने रामानुजन का विश्वास पा लिया था। अतः उन्होंने यह मानते हुए भी कि उत्तर नकारात्मक होगा, रामानुजन से कह ही डाला, "क्या आप कैंब्रिज चलना चाहेंगे?"

नेविल ने लिखा है कि तब मेरे आश्चर्य एवं आनंद का ठिकाना नहीं रहा, जब रामानुजन इस प्रस्ताव पर विचार करने को तैयार हो गए।

□

16

इंग्लैंड जाने की पृष्ठभूमि वह स्वप्न जिसने यह साकार कर दिया

आखिर क्यों रामानुजन का मन इंग्लैंड जाने का बना?

जैसा कि पहले लिख आए हैं, रामानुजन की माता बहुत धार्मिक एवं रूढ़िवादी विचारों की महिला थीं और रामानुजन उनकी प्रत्येक बात का बहुत आदा करते थे। स्वयं रामानुजन भी जन्मजात रहस्यवादी रहे और देवी नामगिरी को अपनी अधिष्ठात्री तथा गणित के निष्कर्षों की साक्षात् प्रेरणा मानते थे।

रामानुजन के विदेश जाने में उनका तथा उनकी माता के हृदय-परिवर्तन का बड़ा महत्त्व है। इस हृदय-परिवर्तन के सामाजिक एवं रहस्यवादी कारण बताए जाते हैं। सामाजिक तौर पर निकट के पारिवारिक मित्र श्री के. नरसिम्हा आयंगर तथा प्रो. शेषु अय्यर, जो स्वयं बड़े रूढ़िवादी विचारधारा के थे, ने उनकी माँ पर प्रभाव डाला। साथ ही रामास्वामी अय्यर तथा रामचंद्र राव ने रामानुजन को जाने के लिए तैयार किया। इन प्रयत्नों के अतिरिक्त कदाचित् कुछ और भी रहस्यवादी घटनाएँ रहीं, जो उनके विदेश जाने के निर्णय में सहायक बनीं।

नेविल के अनुसार, 'रामानुजन की माता ने एक स्वप्न देखा, जिसमें रामानुजन यूरोपीय व्यक्तियों से घिरे हैं और नामगिरी देवी ने उन्हें आदेश दिया कि अब वह अपने बेटे के मार्ग में उसके जीवन की ध्येय-प्राप्ति में बाधा न बनें।'

एक अन्य प्राप्त विवरण के अनुसार, विदेश-यात्रा का आदेश देवी नागगिरी से, अपने मंदिर नामक्कल में, स्वयं रामानुजन को मिला था। दिसंबर 1913 के अंत में रामानुजन, उनकी माता, नारायण अय्यर और नारायण अय्यर का पुत्र नामक्कल के लिए रेलगाड़ी से चले। मार्ग में वह सेलम उतर गए और श्री रामास्वामी अय्यर, जिन्होंने 'इंडियन मैथेमेटिकल सोसाइटी' की स्थापना की थी, के घर पर रुके। वहाँ

से रामानुजन अपने नगर कुंभकोणम गए और बाद में अकेले नारायण अय्यर के साथ नामक्कल के लिए प्रस्थान किया। मार्ग शायद बैलगाड़ी से तय किया। पहले वह नामगिरी देवी के मंदिर के द्वार पर, जहाँ भगवान् नृसिंह (विष्णु के दशावतारों में चतुर्थ अवतार) की मूर्ति है, पहुँचे।

तीन दिनों तक वे दोनों मंदिर के फर्श पर ही सोए। पहली दो रातों को कोई विशेष बात नहीं हुई। परंतु तीसरी रात को रामानुजन नींद से उठे और नारायण अय्यर को यह कहकर जगाया कि बिजली की कौंध के साथ उन्हें यह दिव्य आदेश मिला है कि वह विदेश-यात्रा के विरुद्ध कोई मान्यता स्वीकार न करें।

श्री नारायण अय्यर एवं उनके परिवार की यह मान्यता है कि देवी नामगिरी के प्रति रामानुजन की प्रगाढ़ भक्ति के कारण यह होना ही था, क्योंकि रामानुजन की इंग्लैंड जाने की प्रबल इच्छा थी।

अब देवी का यह आदेश उनकी माँ को मिला अथवा उन्हें या फिर दोनों को, यह पूरी तरह निश्चित नहीं है। हाँ, इतना अवश्य है कि रामानुजन ने सदा अपने सभी कार्यों के पीछे दिव्य प्रेरणा को माना है।

विदेश-यात्रा के प्रति सामाजिक मान्यता के अवरोध का बंधन समाप्त करने पर इंग्लैंड जाने की अन्य बातें तय करने का प्रश्न उठा। उन्होंने इस बारे में नेविल से कुछ बातें कीं—

रामानुजन—धन का क्या होगा?

नेविल—उसकी चिंता न करें। उसका समुचित प्रबंध हो जाएगा।

रामानुजन—मेरी अंग्रेजी अच्छी नहीं है।

नेविल—ऐसा नहीं है। वह ठीक-ठाक है।

रामानुजन—मैं शाकाहारी हूँ।

नेविल—उसका आदर किया जाता रहेगा।

रामानुजन—और परीक्षाएँ?

नेविल—कोई परीक्षा नहीं होगी।

22 जनवरी, 1914 को रामानुजन ने प्रो. हार्डी को एक पत्र द्वारा अपने इंग्लैंड आने के लिए स्वीकृति की पुष्टि कर दी। धन्यवाद देते हुए उन्होंने लिखा कि अब कुछ ही महीनों में वह इंग्लैंड पहुँच जाएँगे।

नेविल इस प्रगति से प्रसन्न थे; परंतु वह निश्चिंत नहीं थे। इस बीच रामानुजन के कुछ मित्र इस बात से अप्रसन्न थे कि वह व्यक्ति, जो मद्रास का गौरव है, कैंब्रिज चला जाएगा। नेविल ने इसका भी निराकरण किया। उन्होंने तर्क दिया कि रामानुजन

का वहाँ जाना स्वयं रामानुजन के हित में है तथा इससे मद्रास एवं भारत—दोनों का ही गौरव और बढ़ेगा।

इतना होने पर भी इंग्लैंड जाने के निर्णय पर सब प्रसन्न नहीं थे। रामानुजन के ससुर चाहते थे कि वह यहीं रहकर गणित का अध्ययन करते रहें। उनकी माता को उनके स्वास्थ्य की चिंता थी, वहाँ के ठंडे मौसम के बारे में भी चिंतित थीं। शाकाहारी भोजन का ठीक प्रबंध वहाँ हो पाएगा—इसको लेकर वे सशंकित थीं। लौटने पर समाज में प्रतिष्ठा न पाने का डर भी था। मद्रास में मिलने आईं अंग्रेज महिलाओं को रामानुजन से हाथ मिलाते उन्होंने देखा था, जो उन्हें पसंद नहीं था। मन में अंग्रेज महिलाओं के प्रति कहीं-कहीं संदेह भी था।

□

17
धन की समस्या

रामानुजन इंग्लैंड जाने के लिए तैयार हुए तो सबसे पहले उनके लिए वहाँ पर किए जानेवाले धन के प्रबंध की समस्या खड़ी हुई। नेविल ने इस बारे में प्रो. हार्डी को लिख दिया था। हार्डी ने 'इंडिया ऑफिस' का दरवाजा खटखटाया, क्योंकि पहले वह उन्हें इस बारे में बताकर उनसे रामानुजन का संपर्क करा चुके थे; परंतु लंदन स्थित 'इंडिया ऑफिस' के श्री मैलेट, जिन्होंने पहले भारत में अपने सहकर्मी डेविस को लिखा था, ने बहुत ही स्पष्ट शब्दों में कह दिया कि इस प्रकार के कार्य के लिए धन देने की कोई व्यवस्था उनके पास नहीं है। उन्होंने यह भी लिखा कि कैंब्रिज और मद्रास के विश्वविद्यालय भी इसमें कुछ नहीं कर पाएँगे।

यह सुनकर हार्डी हिल गए। उन्होंने नेविल को लिखा—"डाक न निकल जाए, इसलिए मैं जल्दी में लिख रहा हूँ। तुम्हें थोड़ी सावधानी से काम लेना होगा। धन का प्रबंध करना होगा। दो वर्ष के लिए वह और लिटिलवुड ही 50 पाउंड प्रति व्यक्ति प्रतिवर्ष देने को तैयार हो जाएँगे। परंतु अभी रामानुजन को यह सब नहीं बताना।" उन्होंने 'इंडिया ऑफिस' के पत्र के आशय को भी नेविल को बताना चाहा और उनका मंतव्य इस प्रकार लिखा—"हम पहले भी बहुत बार इस प्रकार के अज्ञात प्रतिभावान् व्यक्तियों के बारे में सुन चुके हैं। वह अपने भारतीय मित्रों को चकाचौंध कर देते हैं, और जब हम उन्हें इंग्लैंड लाते हैं तो केवल सामान्य से कुछ ही अच्छे, स्कूल के विद्यार्थी जैसा पाते हैं। कुछ सप्ताहों में ही उनकी प्रतिभा काफूर हो जाती है और हमारी कृपा से किसी प्रकार भला होने के स्थान पर हानि ही हाथ लगती है।"

नेविल ने जब यह पढ़ा तो उन्हें लगा कि प्रो. हार्डी का इस प्रकार के 'इंडिया ऑफिस' के विचारों का अनुमोदन यह दिखाता है कि उनका संशय मात्र धन के प्रति न होकर रामानुजन की क्षमता के प्रति भी है। उन्हें हार्डी की कमजोरी पर हँसी आई।

उन्होंने अपने मन में सोचा—"हार्डी के इस असंतुलन का कारण यह है कि उन्होंने रामानुजन की नोट-बुक नहीं देखी, जबकि मैंने देखी है।"

जब प्रो. हार्डी का एक पत्र नेविल को मिला तब तक नेविल ने धन के प्रबंध का मामला मद्रास में ही आगे बढ़ा दिया था। ऑक्सफोर्ड में पढ़े रिचर्ड लिटिलहेल, जो प्रेसीडेंसी कॉलेज में गणित के प्राध्यापक थे और पहले नियमों के आधार पर रामानुजन को छात्रवृत्ति देने का विरोध कर चुके थे, ने उनका परिचय विश्वविद्यालय तथा सरकार के कुछ प्रभावशाली व्यक्तियों से कराया था। उन्होंने सीधे रजिस्ट्रार से बातें की होंगी। विश्वविद्यालय के रजिस्ट्रार श्री फ्रांसिस ड्यूबरी ने 26 जनवरी को एक पत्र लिखा—

> *"विलक्षण प्रतिभा के धनी रामानुजन की खोज हमारे समय की, गणित में बहुत बड़ी घटना होने की संभावना है। इसके लिए उनके यूरोप जाने के लिए धन के प्रबंध होने में मुझे कोई संशय नहीं लगता। वास्तव में रामानुजन के इंग्लैंड जाने से यूरोप के उत्तम कोटि के गणितज्ञों का अच्छा प्रभाव उनपर होगा। और तब गणित के इतिहास में उनका इतना ऊँचा नाम होगा कि मद्रास नगर तथा विश्वविद्यालय को ऐसे व्यक्ति की सहायता करके, उन्हें अंधकार से निकालकर यश की दुनिया में ले जाने का गर्व होगा।"*

अगले ही दिन प्रो. लिटिलहेल ने ड्यूबरी से रामानुजन के लिए 250 पाउंड प्रतिवर्ष की छात्रवृत्ति के साथ 100 पाउंड का अनुदान कपड़े, सामान तथा मार्ग व्यय के लिए स्वीकृत करने की विधिवत् याचना कर डाली। उन्होंने लिखा—"रामानुजन एक बहुत ही असाधारण गणितीय क्षमता के विलक्षण व्यक्ति हैं, जिन्हें अलंकारित शब्दों में कहें तो वह एक ऐसा प्रकाश है, जो मद्रास के डिब्बे में बंद है।"

अगले सप्ताह ही मद्रास के गवर्नर लॉर्ड पेटलैंड के पास रामानुजन का मामला पहुँचा। सर फ्रॉसिंस स्प्रिग को पता लगा कि विश्वविद्यालय रामानुजन के दो वर्ष के लिए 10 हजार रुपए अर्थात् 600 पाउंड का प्रबंध करने के लिए तैयार है, परंतु इसकी स्वीकृत ऊपर से होने पर ही इसका मिलना संभव होगा। वह चाहते थे कि महामहिम पेटलैंड इसमें पूरी तरह सहयोग करें। उन्होंने उनके निजी सचिव श्री सी.बी. कौटरेल को एक पत्र लिखा—"मैं उनके उस मामले में रुचि लेने को आतुर हूँ, जो मेरा अनुमान है कि उनके सम्मुख कुछ ही दिन में आने वाला है। यह मामला, हालात को देखते हुए, बहुत शीघ्र निपटारा भी चाहता है। इसका संबंध मेरे दफ्तर के

लिए लिपिक एस. रामानुजन से है, जिसके बारे में मैंने महामहिम से पहले भी चर्चा की है। गणित के सर्वोच्च अधिकारियों ने उसे एक ऊँचे दर्जे का कदाचित् विलक्षण गणितज्ञ बताया है।''

लॉर्ड पेटलैंड एक वर्ष पहले ही गवर्नर बनकर आए थे। उनकी यह मान्यता थी कि शासन का यह दायित्व है कि वह प्रत्येक व्यक्ति को अपने विकास के समुचित अवसर प्रदान करे। पिछली बार जब रामानुजन को विशेष छात्रवृत्ति मिली थी, तब वह उसको अनुमति दे चुके थे। यह दूसरी बार रामानुजन का मामला उनके सामने आया था। उनके सचिव ने सर फ्रांसिस स्प्रिंग को लिखा—''महामहिम आपकी इस इच्छा से कि रामानुजन कैंब्रिज में अपना शोध चलाने के लिए जाएँ, से हार्दिक सहानुभूति रखते हैं और इसमें भरसक सहायता करने से वह प्रसन्न होंगे।''

और अंततः रामानुजन को छात्रवृत्ति देने की स्वीकृति मिल गई।

□

18
इंग्लैंड के लिए प्रस्थान

26 फरवरी, 1914 को समुद्री जहाज से रामानुजन के इंग्लैंड जाने का टिकट आ गया। उन्हें 17 मार्च को इंग्लैंड के लिए प्रस्थान करना था। परंतु किसी ने भी रामानुजन को यात्रा के लिए बहुत उल्लसित नहीं पाया। रामचंद्र राव ने लिखा है कि वह इस प्रकार कार्य कर रहे थे, मानो एक बुलावे पर जा रहे हैं। उनके जाने में कितने ही व्यक्तियों का हाथ था, सभी को उनके लिए कुछ-न-कुछ करने की उत्कंठा थी।

उनकी पत्नी ने उनके साथ चलने का प्रस्ताव रखा था। रामानुजन ने उन्हें समझाया कि यदि वहाँ उन्हें पत्नी का ध्यान रखना पड़ा तो वह अपना मन गणित में नहीं लगा पाएँगे। यह भी तय हुआ कि किराए का घर खाली करके पत्नी तथा माँ को वह जाने से तीन-चार दिन पहले कुंभकोणम भेज देंगे, जिससे विदाई का हृदय-विदारक दृश्य उपस्थित ही न हो।

उनके मित्रों ने उन्हें पाश्चात्य आचार-व्यवहार की दीक्षा दी। रामचंद्र राव की सलाह पर उनके बाल पाश्चात्य ढंग से कटाए गए तथा शिखा को काट दिया गया। प्रो. लिटिलहेल की मोटरसाइकिल से जाकर उन्होंने पाश्चात्य कपड़े—कमीज, पैंट, टाई, मोजे, जूते आदि खरीदे। कुछ दिन वह रामचंद्र राव के घर रुके, जिनका रहन-सहन बहुत कुछ पाश्चात्य था। वहाँ उन्होंने छुरी-काँटे से खाने की भी दीक्षा ली, यद्यपि शाकाहारी भोजन के लिए उसकी कोई आवश्यकता नहीं थी।

11 मार्च को सर फ्रांसिस ने स्टीमर के एजेंट को रामानुजन के लिए मार्ग में शाकाहारी भोजन का उचित प्रबंध करने के लिए लिखा।

14 मार्च को वे अपनी माँ और पत्नी को कुंभकोणम भेजने के लिए स्टेशन तक पहुँचाने गए। गाड़ी में बिठाकर चलते समय सबकी आँखों से आँसू रुक नहीं पाए।

जाने से एक दिन पूर्व वह प्रेसीडेंसी कॉलेज के अध्यापक कक्ष में अपना

सूटकेस लेकर पहुँचे। टाई बाँधने में वह लगभग उलझ गए। उन्होंने अपने पाश्चात्य परिवेश के बारे में काफी चुटकियाँ भी लीं। उस रात उनके मित्र के. नरसिंहा आयंगर उन्हें अपने घर ले गए। उनके सभी मित्र उस रात वहाँ उनके साथ रुके और उन्हें मार्ग के बारे में निर्देश देते रहे। श्री नारायण अय्यर, जो सदा उनके साथ गणित करने में लगे रहते थे, अपने पुत्र एन. सुबनारायण के साथ वहाँ रहे।

जाने के दिन प्रात: एडवोकेट जनरल श्री श्रीनिवास आयंगर ने उनके विदाई समारोह का आयोजन किया, जिसमें सर फ्रांसिस स्प्रिंग, प्रो. मिदिलमास्ट, कई गण्यमान्य न्यायाधीश, समाचारपत्र 'हिंदू' के संपादक श्री कस्तूरीरंगन आयंगर आदि सम्मिलित हुए। रामानुजन का सबसे परिचय कराया गया। श्री जे.एच. स्टोन ने बताया कि उन्होंने इंग्लैंड में अपने मित्रों को वहाँ उनका ध्यान रखने के लिए पत्र लिखे हैं।

जहाज पर साथ जानेवाले लगभग दो सौ यात्रियों में क्षय रोग विशेषज्ञ डॉ. मुथु भी थे। मित्र लोग प्रसन्न थे और हँसी-मजाक कर रहे थे, परंतु रामानुजन बहुत गुमसुम और गंभीर थे।

17 मार्च, 1914 को वह घड़ी आई जब सब पीछे रह गए और दिन के दस बजे 'ब्रिटिश इंडिया लाइंसशिप एस.एस. नेवस' जल में भारत-भूमि से दूर होता गया। तब रामानुजन की आँखों से आँसू बह रहे थे।

पहली समुद्र-यात्रा के कारण आरंभ में उनसे भोजन ग्रहण नहीं किया गया और तबीयत कुछ खराब रही। कुछ समय पश्चात् जहाज श्रीलंका की राजधानी कोलंबो पहुँचा। वहाँ उन्हें कुछ राहत मिली। बाद में उन्होंने समुद्र-यात्रा का आनंद लिया। 19 मार्च को वहाँ से कन्याकुमारी की ओर निकलते हुए अरब सागर से एक सप्ताह के पश्चात् वह अदन पहुँचे। उसके बाद 2 अप्रैल को स्वेज नहर के मार्ग से पोर्ट सईद पहुँचे और फिर जेनेवा रुकते हुए जिब्राल्टर व स्पेन के किनारे वे ऑफ बिस्के होकर पहले प्लाइमथ, पुनः इंग्लिश चैनल से 14 अप्रैल को टेम्स के तट पर इंग्लैंड पहुँच गए।

□

19

इंग्लैंड में पदार्पण, कैंब्रिज में कार्य आरंभ

बंदरगाह की गोदी पर रामानुजन को लेने नेविल अपने बड़े भाई के साथ कार से आए थे। उन्हें वह पहले लंदन के साउथ-केनसिंग्टन भाग में 21 क्रोमवैल रोड, जहाँ भारत से पहुँचनेवाले विद्यार्थियों का स्वागत-केंद्र था, ले गए। वहाँ पर 'नेशनल इंडिया एसोसिएशन' का कार्यालय था। लंदन होकर इंग्लैंड पहुँचनेवाले विद्यार्थियों के लिए ज्योर्जियन शैली के इस भवन में कई कमरे थे। रामानुजन को वहाँ लाने का ध्येय उन्हें भारतीय वातावरण में ले जाकर उनके आगमन को सहज बनाना था। परंतु पूर्वपरिचित नेविल के साथ रहने से रामानुजन को इसका कोई अंतर नहीं पड़ा। वह चार दिन वहाँ रुके। मद्रास के निकट कुडलोर से आए ए.एस. रामलिंगम से वहाँ उनकी भेंट हुई। तेईस वर्षीय रामलिंगम इंजीनियर थे और लगभग चार वर्षों से इंग्लैंड में ही रह रहे थे।

रामानुजन ने यहाँ पचास लाख की जनसंख्यावाले बड़े नगर लंदन को पहली बार देखा। यह देखकर भी उन्हें बड़ा आश्चर्य हुआ कि अंग्रेज छोटे काम भी करते हैं। आरंभ में उन्हें व्यक्तियों को पहचानने में भी दिक्कत आती थी। अंग्रेज लोग उन्हें कुछ भिन्न प्रकार से—रहमानुजान—कहकर पुकारते थे।

18 अप्रैल को रामानुजन नेविल के साथ कैंब्रिज चले गए। चेस्टरटाउन रोड पर स्थित नेविल के घर पर ही उनके ठहरने की व्यवस्था की गई। नेविल और उनकी पत्नी एलिस दो माह पूर्व ही इस घर में आए थे। मकान तीन मंजिला था और उसमें कई कमरे थे। रामानुजन वहीं एक भाग में अलग अपनी तरह से रहने लगे। वहाँ का एकांतवास उन्हें अच्छा लगा। थोड़ी दूरी पर कैम नदी बहती थी। लगभग छह सप्ताह वहाँ रुकने के पश्चात् वह कॉलेज के व्हेवैल कोर्ट के स्टेरकेस पी के कमरों में चले गए और बाद में वहीं रहे। नेविल एवं उनकी पत्नी से दूर जाने की खुशी उन्हें नहीं थी। वे दोनों (दंपती) रामानुजन के प्रति बहुत संवेदनशील थे। वहाँ

से चले आने के पश्चात् भी नेविल उनका पूरा ध्यान रखते थे और बीच-बीच में उनसे मिलते रहते थे।

कैंब्रिज पहुँचने पर शीघ्र ही रामानुजन की भेंट प्रो. हार्डी और लिटिलवुड से हुई। वहाँ पहुँचते ही वे गणित में जुट गए। जून में भेजे अपने पत्र में उन्होंने लिखा था—''मिस्टर हार्डी, मिस्टर नेविल और अन्य लोग यहाँ पर सरल, ध्यान रखनेवाले और उपकारी व्यक्ति हैं।''

रामानुजन कैंब्रिज किसी कक्षा के विद्यार्थी के रूप में नहीं आए थे। फिर भी रामानुजन ने प्रो. हार्डी तथा कुछ अन्य प्राध्यापकों की कक्षाओं में जाना आरंभ कर दिया। वहाँ वह अन्य स्थानों से आनेवाले अन्य गणितज्ञों से भी मिले और उनसे शोध की अपनी समस्याओं पर चर्चा करने का लाभ प्राप्त किया।

□

20
विभिन्न गणितज्ञों के प्रारंभिक विचार

आर्थर बेरी की कक्षा में

किंग्स कॉलेज के गणित के प्राध्यापक आर्थर बेरी एक दिन प्रातः 'इलिप्टिक इंटीग्रल्स'* पर व्याख्यान दे रहे थे। रामानुजन को आए तब कुछ ही दिन हुए थे। वे उनके व्याख्यान में उपस्थित थे। उधर बेरी रामानुजन के कार्य से परिचित नहीं थे। वे श्यामपट्ट पर कुछ सूत्रों को लिखकर विषय समझा रहे थे। इसी बीच उन्होंने रामानुजन की ओर देखा और पूछा, 'क्या आपकी समझ में आ रहा है?'

रामानुजन ने गरदन हिलाकर 'हाँ' का संकेत दिया।

बेरी ने पुनः पूछा, 'क्या आप स्वयं कुछ आगे बताएँगे?'

रामानुजन उठकर श्यामपट्ट पर पहुँचे। उन्होंने खड़िया ली और 'इलिप्टिक इंटीग्रल्स' पर कुछ वैसे सूत्र लिख दिए जो श्री बेरी ने अपने व्याख्यान में नहीं बताए थे। तब सब लोगों के आश्चर्य का ठिकाना नहीं रहा, जब काफी सोचने के पश्चात् अपने व्याख्यान के समापन के समय श्री बेरी ने बाद में बताया कि वे सूत्र उन्होंने पहले कभी नहीं देखे थे, अर्थात् वे 'इलिप्टिक इंटीग्रल्स' पर नए सूत्र थे।

जॉर्ज पोलिया और रामानुजन की नोट बुक

हंगरी के प्रसिद्ध गणितज्ञ ज्योर्ज पोलिया उन्हीं दिनों कैंब्रिज आए हुए थे। प्रो. हार्डी, लिटिलवुड एवं पोलिया की पुस्तक 'इनइक्वेलिटीज' आज भी अपने क्षेत्र में अद्वितीय पुस्तक है। पोलिया ने रामानुजन की नोट-बुक्स को पढ़ा। वह लगभग घबराहट की स्थिति में उन नोट-बुक्स को प्रो. हार्डी को वापस करते हुए

---

* *Elliptic integrals* are of the form $\int \frac{dz}{\sqrt{R(z)}}$, where *R(z)* is a polynomial in complex variable z of degree 3 or 4. Also an *elliptic function* is an analytic function, from complex plane C to C, which is doubly periodic, that is, for two independent values of the complex number w, the functions f (z) and f (w + z) are the same.

बोले, ''नहीं, मैं इनको नहीं पढ़ना चाहता। यदि एक बार मैं रामानुजन की इन जादुई आकर्षणवाली 'थ्योरमस' के जाल में फँस गया तो बाकी सारा जीवन इन्हीं को सिद्ध करने में निकल जाएगा और मैं अपनी ओर से नया कुछ नहीं खोज पाऊँगा।''

मार्क काक (Mark Kac) के अनुसार, रामानुजन केवल 'जीनियस' ही नहीं थे, 'मैजिकल जीनियस' थे। साधारण जीनियस और मैजिकल जीनियस के अंतर को भी उन्होंने इस प्रकार समझाया है कि एक साधारण जीनियस वह है, जिसके बारे में आप कह सकें कि यदि मैं सौ गुना बुद्धिमान होता तो अवश्य वह सोच लेता, जो उसने सोचा है। परंतु एक मैजिकल जीनियस वह है, जिसके कार्य को देखकर आप एकदम विस्मित रह जाएँ, समझ ही न पाएँ कि वह कहाँ से उसको सूझा और उसने कैसे कर दिया।

प्रसिद्ध गणितज्ञ एवं दार्शनिक बर्ट्रेंड रसेल ने लिखा है—''मैंने हार्डी एवं लिटिलवुड को [रामानुजन को पाकर] एक जंगली उद्वेग की दशा में पाया, क्योंकि उनका विश्वास था कि उन्होंने मद्रास में 20 पाउंड प्रतिवर्ष पर जीवनयापन कर रहे एक हिंदू क्लर्क में दूसरे न्यूटन को खोज निकाला है।''

□

21
महालनोबीस से भेंट और 'लॉउवेन-स्ट्रीट प्रॉब्लम' पहेली

प्रो. महालनोबीस

हम भारतवासियों के लिए प्रो. प्रशांत चंद्र महालनोबीस का नाम सुपरिचित है। उन्होंने कलकत्ता में इंडियन स्टेटिस्टिकल इंस्टीट्यूट की स्थापना की थी। पं. जवाहरलाल नेहरू ने उन्हें ही सर्वप्रथम योजना आयोग का कार्य सौंपा था। रामानुजन के समय में प्रो. प्रशांत चंद्र महालनोबीस इंग्लैंड में किंग्स कॉलेज में विद्यार्थी थे। बाद में वह रॉयल सोसाइटी के फेलो भी मनोनीत हुए थे।

एक रविवार को प्रातः वे रामानुजन के व्हेवैल कोर्ट के कमरे में बैठे थे। रामानुजन पिछले कमरे में सब्जी पका रहे थे। उन्होंने रामानुजन के सामने पत्रिका 'स्ट्रंड' में छपी गणित की एक पहेली रखी और उसका हल बताने के लिए कहा।

'लॉउवेन-स्ट्रीट प्रॉब्लम' नाम से प्रसिद्ध पहेली इस प्रकार थी—लॉउवेन नगर में बेल्जियम का मेरा एक मित्र रहता था। इस नगर को जर्मनी ने जलाकर राख कर दिया। मेरा मित्र जिस सड़क पर रहता था, वह काफी लंबी थी। उसपर पचास से अधिक घर थे, लेकिन पाँच सौ से कम ही थे। मित्र के घर के एक ओर के घरों के नंबर 1, 2, 3, . . आदि थे। मेरे मित्र के घर के दोनों ओर बने घरों के नंबरों का योग समान था। बताओ, मेरे मित्र के घर का नंबर क्या था?

श्री महालनोबीस ने इसका उत्तर निकाल लिया था। इसका एक ही उत्तर था, मित्र के घर का नंबर था 204 और कुल 288 घर उस गली में थे,

क्योंकि 1 + 2 + 3 . . + 203 = 205 + 206 + . . + 288

महालनोबीस ने रामानुजन से कहा कि तुरंत उत्तर लिखो। और रामानुजन ने उत्तर एक निरंतर लँगड़ीभिन्न (continued fraction) के रूप में लिख दिया। उनका उत्तर केवल उस पहेली का ही उत्तर नहीं था, बल्कि उसमें सम्मिलित उन सभी समस्याओं का उत्तर था, जिनमें बंधन केवल 50 तथा 500 के बीच रहने के स्थान पर अन्य कुछ भी हो सकता था। उदाहरण के लिए, यदि सड़क पर 8 घर रहें तो मित्र के घर का नंबर 6 सही उत्तर होगा, क्योंकि 1 + 2 + 3 + 4 + 5 = 7 + 8।

महालनोबीस ने आश्चर्यचकित होकर पूछा, 'इतनी शीघ्रता से आपने कैसे यह सर्वमान्य (general) फल निकाल दिया ?'

रामानुजन का उत्तर था, ''जैसे ही मैंने पहेली सुनी, मुझे सूझा कि इसका उत्तर एक निरंतर लँगड़ीभिन्न ही होना चाहिए। फिर मैंने सोचा, कौन सी निरंतर लँगड़ीभिन्न ? और तत्काल ही मेरे मस्तिष्क में अपने आप फिर उत्तर स्वयं आ गया।''

□

22

प्रो. हार्डी के साथ कार्य आरंभ

कैंब्रिज पहुँचने पर रामानुजन लगभग प्रतिदिन प्रो. हार्डी से मिलने लगे। अब रामानुजन की नोट-बुक्स हार्डी के पास थीं। उनमें दिए गए निष्कर्षों की संख्या लगभग 4 हजार थी। उन्होंने उन नोट-बुक्स को ध्यान से पढ़ा और उनपर रामानुजन से समय-समय पर अच्छी चर्चा भी की।

हार्डी ने पाया कि रामानुजन द्वारा निकाले गए निष्कर्षों को मोटे तौर पर चार भागों में बाँटा जा सकता है—

1. लगभग एक-तिहाई वे निष्कर्ष, जो नए हैं और महत्त्व के हैं।
2. कुछ निष्कर्ष नए तो हैं, मगर उनकी दृष्टि में साधारण हैं।
3. कुछ ऐसे निष्कर्ष हैं, जो पहले से पता थे और रामानुजन ने उन्हें स्वतंत्र रूप से स्वयं निकाला है।
4. कुछ निष्कर्षों में त्रुटियाँ हैं और वे ठीक नहीं हैं।

परंतु उनका यह मत भी था कि सभी को ठीक से सिद्ध नहीं किया गया है। उनकी विधिवत् उपपत्तियाँ देना सरल नहीं था। यह कार्य कितना बड़ा था, इसका अनुमान इसी बात से लगाया जा सकता है कि सात वर्षों बाद सन् 1921 में रामानुजन की मृत्यु के एक वर्ष बाद प्रो. हार्डी ने लिखा था—"एक अप्रकाशित सामग्री का ढेर अब भी विवेचन के लिए बाकी है।" दो वर्ष बाद रामानुजन की पहली नोट-बुक के अध्याय बारह एवं तेरह पर आधारित उन्होंने 'हाइपर ज्योमेट्रिक सीरीज' पर एक पेपर तैयार करते समय लिखा था—"ये वे दो अध्याय हैं जिनपर मैं अब तक गहराई से विवेचन कर पाया हूँ।"

रामानुजन ने कैंब्रिज आने के तुरंत बाद अपनी नोट-बुक्स के आधार पर, हार्डी की बताई विधि के अनुसार, कुछ शोध-लेख तैयार किए। प्रत्येक माह के दूसरे बृहस्पतिवार को 'लंदन मैथेमेटिकल सोसाइटी' की बैठकें हुआ करती थीं,

जिनमें शोधपत्र प्रस्तुत किए जाते थे। 11 जून, 1914 को प्रो. हार्डी द्वारा 'लंदन मैथेमेटिकल सोसाइटी' की बैठक में रामानुजन का एक शोधपत्र प्रस्तुत किया गया। उस बैठक में हॉब्सन, जिन्हें लगभग डेढ़ वर्ष पूर्व रामानुजन ने भारत से पत्र लिखा था, उपस्थित थे। प्रो. ब्राउनविच, जिनकी पुस्तक रामानुजन को पढ़ने के लिए सुझाई गई थी, भी वहाँ पर उपस्थित थे। इनके अतिरिक्त अन्य मान्य विद्वानों के साथ वहाँ हार्डी के विद्यार्थी-काल के निदेशक प्रो. लोव एवं प्रो. लिटिलवुड भी उपस्थित थे। हाँ, रामानुजन स्वयं इस बैठक में नहीं थे।

प्रो. हार्डी के प्रत्येक निष्कर्ष को विधिवत् सिद्ध करने का आग्रह कितने महत्त्व का था, यह सभी गणितज्ञ, विशेष रूप से वे, जो शोध कार्य से परिचित हैं, भली-भाँति समझ सकते हैं। धीरे-धीरे रामानुजन भी इस बात का महत्त्व समझने लगे थे। उनके सामने समस्या यह थी कि रामानुजन मस्तिष्क में उग रहे नए निष्कर्षों को समय दें या पुरानों की उपपत्तियाँ देने में अपने को लगाएँ। वह चाहकर भी नए वेग को रोक नहीं पाए, अत: उनके बहुत से निष्कर्ष बाद में अन्य शोधकर्ताओं के विवेचन के लिए बचे रहे और रामानुजन आगे बढ़ते गए।

जनवरी 1915 में रामानुजन ने भारत में स्थित अपने एक मित्र को लिखा था—"मेरी नोट-बुक्स पिछले चार-पाँच महीने से एक कोने में सुषुप्त पड़ी है। मैं नए शोधों पर लेख तैयार करने में सफल हुआ हूँ।"

वास्तव में विशद प्रमाण देने के प्रो. हार्डी के आग्रह ने ब्रिटिश गणित में एक नई लहर ही नहीं एक नई जीवन-शक्ति सी ला दी थी। उन्होंने एक पुस्तक 'प्योर मैथेमेटिक्स' इसी आधार पर लिखी, जो आज भी इस क्षेत्र में मानक पुस्तक मानी जाती है। उन्होंने वर्षों से चले आ रहे 'ट्राइपॉस' की आलोचना की, क्योंकि वह परीक्षा के विशद विवेचन पर बल नहीं देती थी और वहाँ के मेधावी गणितज्ञ ट्राइपॉस की तैयारी व परीक्षा से बने संस्कारों से आगे आए थे।

कैलकुलस का आविष्कार न्यूटन ने किया अथवा लेब्निजिथ ने, यह विवाद ब्रिटेन में राष्ट्र-प्रतिष्ठा का प्रश्न बन गया था। ब्रिटेन के लोग गणित पाठ्यक्रम में तब वहाँ लेब्निजिथ की विधि का बहिष्कार कर न्यूटन की बहुत अस्पष्ट एवं क्लिष्ट विधि को अपना रहे थे, जिससे गणित के कई क्षेत्रों में ब्रिटेन अन्य देशों से पिछड़ गया था।

रामानुजन और हार्डी एक-दूसरे के पूरक थे। केनिगल ने उन्हें क्रमश: 'अंत:प्रज्ञा का अवतार' (Intuition Incarnate) और 'प्रमाणों का प्रचारक' (Apostle of proofs) की संज्ञा दी है। रामानुजन को दी गई ये उपाधियाँ सटीक हैं। उन जैसा

अंत:प्रज्ञा से एक के बाद एक लगातार नए निष्कर्ष देनेवाला आधुनिक गणित के इतिहास में दूसरा कोई व्यक्ति विश्व भर में नहीं दिखा। लिटिलवुड ने उनकी तुलना जैकोबी से करते हुए कहा था, "मेरा विश्वास है कि वह कम-से-कम जैकोबी है।" और बाद में हार्डी ने कहा था, "सबसे आश्चर्यचकित करनेवाली बात उसकी वह अंतर्दृष्टि है, जो सूत्रों, अनंत श्रेणियों के रूपांतरण आदि में दिखती है। मैं आज तक उसके समान किसी व्यक्ति से नहीं मिला और मैं उसकी तुलना ऑयलर तथा जैकोबी से कर सकता हूँ।"

यहाँ यह बता देना उचित होगा कि लिओन्हार्ड ऑयलर को अठारहवीं शताब्दी का गणित का सबसे बड़ा सृजनकर्ता माना जाता है। उन्होंने लगभग 800 लेख अथवा पुस्तकें लिखीं। उनके नाम से गणित के बहुत से सूत्र जुड़े हैं और उन्होंने गणित के कई नए विषयों का सूत्रपात किया है। उधर कार्ल गुस्तव जैकब जैकोबी का कार्य भी उनकी अनुपम प्रतिभा से उद्भाषित है। उन्होंने 'इलिप्टिक फंक्शंस' पर श्रेष्ठ कार्य किया है, जो रामानुजन के भी शोध का एक विषय रहा है। वास्तव में रामानुजन के कार्यक्षेत्र में ऑयलर और जैकोबी—दोनों का ही कार्य पहले रहा है।

अपनी इस अंत:प्रज्ञा के कारण ही रामानुजन गणिताकाश में अद्वितीय नक्षत्र बनें हैं। वह अपने किए कार्य में इतने सूत्र लिखकर छोड़ गए हैं कि उन्हें विधिवत् पूरी उपपत्तियों के साथ प्रस्तुत करने का विशद कार्य आज भी अधूरा है। वह जिस ओर भी पढ़ना-सोचना शुरू करते थे, उनके विस्तारीकरण के विविध विचार भी उनके मन में आने लगते थे। विस्मय की बात यह थी कि उससे उठे प्रश्नों के उत्तर अनायास ही उन्हें मिल जाते थे, जिसको वह देवी नामगिरी की कृपा मानते थे। केनगिल ने लिखा है, 'नास्तिक विचारों के हार्डी के लिए इस दिव्य शक्ति का चमत्कार स्वीकार करने में स्पष्ट रूप से कमी थी। संभव है कि हार्डी के नास्तिक विचारों को जानकर रामानुजन देवी नामगिरी की कृपा की चर्चा हार्डी से नहीं करते हों।'

चूँकि हार्डी बहुत ही अल्पभाषी व्यक्ति थे, अत: उन्हें रामानुजन की बहुत सी व्यक्तिगत बातों का ज्ञान नहीं था। यह ज्ञान यहाँ तक सीमित था कि वह रामानुजन का पहला नाम श्रीनिवास (जो उनके पिता का नाम था) मानते थे और रामानुजन, जो वास्तव में उनका वास्तविक नाम था, को उनका 'सरनेम'। हाँ, रामानुजन की विधिवत् शिक्षा की कमी उन्हें सदा अखरती रही। बहुत प्रयत्न करने पर भी जिस मानसिक-बौद्धिक स्थिति में रामानुजन थे, उसके कारण वह उन्हें वहाँ रहते हुए चाहकर भी उस कमी को दूर नहीं कर पाए। इस बारे में उनके कुछ शब्द बड़े सटीक हैं—

"उसके ज्ञान की कमी भी उतनी ही विस्मय कर देनेवाली थी जितनी उसके विचार की गहनता। वह एक ऐसा व्यक्ति था, जो उस स्तर के मौडुलर समीकरण पर कार्य कर सकता था या कंपैल्क्स-गुणा कर सकता था, जिसके बारे में किसी ने सुना तक न हो। निरंतर लँगड़ीभिन्न पर उसका इतना अधिकार था जितना विश्व में कदाचित् किसी भी गणितज्ञ को नहीं था। उसने स्वयं जीटा-फंक्शन के समीकरण का पता लगा लिया था। उसने कभी 'डबली पीरि आइडिक फंक्शन' या कॉची थ्योरम का नाम भी नहीं सुना था, परंतु 'एनालीटिक नंबर थ्योरी' की विशाल राशियों से वह खेलता रहता था। उसके समस्त निष्कर्ष, चाहे वे नए हों अथवा पुराने, सही हों अथवा गलत, एक अस्पष्ट तर्क-वितर्क, अंतर्दृष्टि और 'इंडक्शन' पर आधारित रहते थे। उन्हें वह तर्कसंगत तरीके से समझाने अथवा व्यक्त करने में सर्वथा असमर्थ रहा।"

बी.एम. विल्सन

रामानुजन की मृत्यु के कई वर्ष पश्चात् जी.एन. वाटसन, जो बर्मिंघम विश्वविद्यालय में शुद्ध गणित के प्रोफेसर थे और बी.एम. विल्सन, जो रामानुजन को कैंब्रिज से जानते थे और बाद में लिवरपूल विश्वविद्यालय में रहे, ने रामानुजन की नोट-बुक्स का संपादन का कार्य मिलकर आरंभ किया। वास्तव में कैंब्रिज में रामानुजन के रहने के समय से ही उन्होंने यह कार्य आरंभ कर दिया था। सन् 1929 में वाटसन का अनुमान था कि इसमें कम-से-कम पाँच वर्ष का समय और लगेगा। परंतु दुर्भाग्य से बारह-तेरह वर्ष लगातार इसपर लगे रहने के पश्चात् जब सन् 1935 में उनकी मृत्यु हुई, तब तक वह बहुत कुछ नहीं हो पाया था।

अमेरिका के प्रो. ब्रूस बरनेट ने वाटसन एवं विल्सन के कार्य को आगे बढ़ाया है और तीन खंडों में रामानुजन की नोट-बुक्स की सामग्री का संपादित प्रकाशन करने के पश्चात् भी अभी कार्य पूरा नहीं हुआ है।

□

23

रामानुजन के विविध कार्यक्षेत्र

रामानुजन को गणित में 'संख्या-शास्त्र (नंबर थ्योरी) का द्रष्टा ऋषि' कहना ठीक होगा। आधुनिक समय में प्रचलित नामावली के अनुसार कहें तो उनके कार्य को निम्नलिखित वर्गों में विभक्त माना जाता है—

निश्चयात्मक अवकलन-सूत्र (Definite integrals)

मॉडुलर समीकरण (Modular equations)

रीमान्स-जीटा फलन (Riemann's zeta function)

अनंत श्रेणियाँ (Infinite series)

अनंत श्रेणियों का योग (Summation of series)

एनालिटिक संख्या-शास्त्र (Analytic number-theory)

अस्मटोटिक सूत्र (Asymptotic formula)

विभक्तियाँ (Partitions)

संयोजन-शास्त्र (Combinatorics)

जैसाकि पहले लिख आए हैं, कैंब्रिज जाने से पूर्व रामानुजन के पास प्रकाशन-योग्य बहुत सामग्री थी। वह और उनके मित्र उस सामग्री को प्रकाशित करने के लिए उत्सुक थे। प्रो. हार्डी का पहला पत्र मिलने के बाद उनका काफी उत्साहवर्धन हुआ था और उन्होंने कुछ शोधपत्र 'जरनल ऑफ इंडियन मैथेमेटिकल सोसाइटी' में प्रकाशन के लिए भेजे थे। ऐसा करने में उनके मित्र श्री नारायण अय्यर की विशेष भूमिका रही थी। इनमें कुछ निष्कर्ष रूढ़ पूर्णांकों (प्राइम नंबर्स) पर थे। कुछ की उपपत्तियाँ नहीं दी गई थीं। केवल यह लिखकर छोड़ दिया गया था कि 'उपपत्ति बाद में दी जाएगी'। वास्तव में कुछ की उपपत्तियाँ बाद में भी संभव नहीं हुईं। हाँ, कैंब्रिज जाने से पूर्व पाँच शोध-लेख 'जरनल ऑफ इंडियन मैथेमेटिकल सोसाइटी' में छपे।

कैंब्रिज पहुँचकर उन्होंने भारत में किए अपने कार्य के आधार पर लेख, 'मॉडुलर इक्वेशंस एंड अप्रोक्सीमेशंस ऑफ पाई' लिखा। इस लेख में निष्कर्ष उपपत्तियों के साथ दिए गए थे। इसे तैयार करने में प्रो. हार्डी तथा वहाँ के अन्य लोगों की सम्मति का लाभ भी उन्हें मिला था। यह शोध-लेख सन् 1914 में 'क्वार्टरली जर्नल ऑफ मैथेमेटिक्स' में प्रकाशित हुआ। बाद में पहले वर्ष में ही उन्होंने एक लंबा शोध-लेख 'हाईली कंपोजिट नंबर्स' लिखा, जो सन् 1915 में 'प्रोसीडिंग ऑफ लंदन मैथेमेटिकल सोसाइटी' में प्रकाशित हुआ। यह लेख 62 पृष्ठों का है। इसमें 269 समीकरण हैं। यही रामानुजन का सबसे लंबा लेख है।

उनके शोध-लेख सन् 1911 से 1921 तक प्रकाशित हुए। उनमें से 11 शोध-लेख 'जर्नल ऑफ इंडियन मैथेमेटिकल सोसाइटी' में, 8 'प्रोसीडिंग ऑफ लंदन मैथेमेटिकल सोसाइटी' में, 4 'क्वार्टरली जर्नल ऑफ मैथेमेटिक्स' में, 4 'प्रोसीडिंग ऑफ कैंब्रिज मैथेमेटिकल सोसाइटी' में, 5 'मैसेंजर ऑफ मैथेमेटिक्स' में, 2 'ट्रांजेक्शन ऑफ कैंब्रिज मैथेमेटिकल सोसाइटी' तथा 1-1 'मैथेमेटिश्चे साइटशिफ्ट', 'प्रोसीडिंग ऑफ रॉयल सोसाइटी' तथा 'कौंते-रेंदू' में प्रकाशित हैं। इस प्रकार प्रकाशित 37 शोध-लेखों में 5 प्रो. हार्डी के साथ हैं।

ऊपर लिखे 37 शोध-लेखों को बाद में संगृहीत करके 'कलॅक्टेड पेपर्स बाई रामानुजन' के नाम से जी.एच. हार्डी, पी.वी. शेषु अय्यर तथा बी.एम. विल्सन के संपादन में प्रकाशित किया गया है, जिनको पहले सन् 1927 में कैंब्रिज यूनिवर्सिटी प्रेस और बाद में, 1962 में चेल्सि ने प्रकाशित किया है।

□

24

प्रथम विश्वयुद्ध और रामानुजन के शोध में प्रगति

रामानुजन के व्यक्तित्व एवं कृतित्व को ठीक से समझने के लिए यह जानना आवश्यक है कि उन्होंने कैंब्रिज पहुँचकर किस वातावरण में कार्य किया। यह सही है कि रामानुजन जब कैंब्रिज पहुँचे तब उन्हें वहाँ शोध के लिए बहुत ही आदर्श वातावरण प्राप्त हुआ। वहाँ बहुत से उच्च कोटि के गणितज्ञ थे। परंतु यह वातावरण शीघ्र ही बदल गया। कैंब्रिज के गणितज्ञ बिखरे। रामानुजन के छोटे जीवन काल में बहुत कुछ आकस्मिक हुआ है। इस पर उनका कोई वश नहीं था। परंतु वह गणित से विमुख नहीं हुए। विषम परिस्थितियों में पूरी निष्ठा से कार्य करते रहना उनके जीवन-चरित्र को और भी श्रद्धा का पात्र बना देता है।

यूरोप के विभिन्न देशों में सदा ही तनाव और प्रतिस्पर्धा रही है, यह तो सभी जानते हैं। बीसवीं शताब्दी के दो विश्वयुद्ध वहाँ की देन रहे। रामानुजन के समय में यूरोप, विशेष रूप से इंग्लैंड, प्रथम विश्वयुद्ध की विभीषिका से गुजरा। यूरोप के देशों में काफी तनाव की परिस्थितियाँ बन गई थीं। सन् 1913 से यूरोप उबल रहा था। वहाँ युद्ध के बादल मँडरा रहे थे। 28 जून, 1914 को ऑस्ट्रिया के युवराज फ्रैंस फरडिनंद की हत्या हो गई। जर्मनी और फ्रांस ने अपनी-अपनी गुटबंदियाँ पक्की कर ली थीं। जर्मनी ने फ्रांस पर हमला करने के लिए शैलिफ्फन-प्लान के अनुसार बेल्जियम को कुचल दिया। फ्रांस ने भी प्लान-सेब्निंटीन के अनुसार सीधे बर्लिन पर आक्रमण कर दिया। दोनों सेनाएँ टकराईं, और खून-खराबा हुआ।

इंग्लैंड ने 4 अगस्त, 1914 को जर्मनी के साथ युद्ध की घोषणा कर दी। अभी रामानुजन को वहाँ पहुँचे लगभग चार मास ही हुए थे। कैंब्रिज पर युद्ध का सीधा प्रभाव पड़ा। चेस्टर-टाउन में नेविल के घर के सामने ही आयरलैंड की छठी-

डिवीजन ने अपने शिविर स्थापित कर लिये। कोर्पस क्रिस्टी कॉलेज 'सेना अधिकारियों के प्रशिक्षण' का अस्थायी केंद्र बन गया। ट्रिनिटी कॉलेज का विशाल 'रेन-पुस्तकालय' अस्पताल में परिवर्तित कर दिया गया। जहाँ लिटिलवुड रहते थे वहाँ 'शल्य चिकित्सा का कक्ष' बन गया और प्रो. हार्डी के 'न्यूकोर्ट' में सेना के कार्यालय बना दिए गए। विश्वविद्यालय की प्रयोगशालाएँ भी चिकित्सालय बना दी गईं। खाद्य पदार्थों का मूल्य 32 प्रतिशत बढ़ गया।

इंग्लैंड द्वारा युद्ध की घोषणा करते ही इंग्लैंड भी जर्मनी के कोप का भाजन बना। अगस्त के उत्तरार्द्ध में ही जर्मनी की सेनाओं ने लौऊवेन नगर को जला दिया। ब्रिटेन की सेना के दो डिवीजनों को पीछे हटना पड़ा। पीछे लौटने से पूर्व हुए नौ घंटों के घमासान युद्ध में ब्रिटेन के लगभग 1600 सैनिक हताहत हुए। पूरे इंग्लैंड में जर्मनी के विरुद्ध रोष भड़क रहा था। कैंब्रिज में हर ओर घायलों का दृश्य उपस्थित होने लगा था।

वहाँ सेना में नवयुवकों की भरती आरंभ हो गई। प्रो. लिटिलवुड रॉयल गैरिसन आर्टलरी में 'सेकंड लेफ्टिनेंट' बन गए। वह अपने शोध से दूर प्रक्षेपास्त्रों के लिए गणितीय विषयों में सहायता करने लगे। वह इसमें लगभग विफल रहे। 'बैलास्टिक' के कार्य में वह कुछ नया नहीं दे पाए। यह विदित ही है कि रामानुजन को इंग्लैंड बुलाने में उनकी प्रमुख भूमिका रही थी। परंतु अब वह रामानुजन से बहुत दूर चले गए थे। कई अन्य गणितज्ञ भी सेना में भरती हो गए। सौभाग्य से प्रो. हार्डी को सेना में सेवा के लिए अनुपयुक्त पाया गया और वह युद्धकाल में कैंब्रिज में ही बने रहे। परंतु युद्ध के कारण उनका ध्यान गणित में लगने के बजाय अन्य चिंताओं की तरफ लग गया।

इसके ठीक विपरीत रामानुजन युद्ध के प्रभाव से अछूते रहकर अपने कार्य में लगे रहे। प्रतिष्ठित जरनलों में अपने शोध-लेखों को प्रकाशित करके ही गणित-जगत् में वह प्रतिष्ठा पा सकेंगे, यह उनके मन में सदैव रहता था। आने के कुछ समय बाद तक उनके संकोची स्वभाव के कारण अन्य भारतीय विद्यार्थी उनके मित्र बनने से कतराते थे; परंतु बाद में उनका यश फैलता गया और उनकी मित्रता का दायरा बढ़ता ही गया।

भारत में वे अपने परिजनों एवं मित्रों को नियमतः पत्र लिखते रहते थे। एक-दो पत्रों को छोड़कर और पत्रों में युद्ध का उल्लेख न करके वह अपने शोध एवं उनके प्रकाशन के विषय में ही प्रायः लिखते थे। जून 1914 में उन्होंने लिखा— ''मैंने दो लेख अब तक तैयार कर लिये हैं। आज मिस्टर हार्डी मेरे एक शोध-लेख

को लंदन में लंदन मैथेमेटिकल सोसाइटी के सम्मुख प्रस्तुत करने जा रहे हैं।"

अगस्त 1914 में उन्होंने लिखा—"अब तक तीन लेख लिखकर तैयार कर चुका हूँ। प्रूफ भी आ गए हैं। मैं तीन और लेख लिखने में लगा हूँ। सभी लेख अवकाश के बाद अथवा अक्तूबर में प्रकाशित हो जाएँगे।"

नवंबर में उन्होंने लिखा—"युद्ध के चलते मैं धीरे-धीरे अपने निष्कर्ष प्रकाशित करने में लगा हूँ।"

सन् 1915 तक उनके नौ शोध-लेख प्रकाशित हो गए थे, जिनमें से छह 'जरनल ऑफ इंडियन मैथेमेटिकल सोसाइटी' में तथा चार इंग्लैंड में छपे थे। यह पूरा समय इंग्लैंड के प्रथम विश्वयुद्ध में लगे रहने का था।

प्रो. हार्डी ने जून 1916 में युद्ध के इस प्रभाव को रामानुजन के संदर्भ में इन शब्दों में चित्रित किया है—

"एक तरह से रामानुजन का बड़ा दुर्भाग्य रहा है। युद्ध ने गणितीय शोध की प्रगति पर कुठाराघात किया है। उनके कार्य में जो रुचि ली जानी चाहिए थी, युद्ध के कारण उसका 75 प्रतिशत ह्रास हुआ है। उसे अपने निकाले निष्कर्षों के कारण जो कीर्ति मिलनी चाहिए थी, वह मिलनी असंभव रही। इसके अतिरिक्त उसे इंग्लैंड आकर लिटिलवुड के शिक्षण से जो लाभ मिलना निश्चित था, उससे भी वंचित रहना पड़ा। इस सबके होने पर भी यह कहा जा सकता है कि रामानुजन ने भारत में किए अपने कार्य से यहाँ आकर कार्य करने के औचित्य को पूर्णरूप से सिद्ध कर दिया है और आज के जीवित गणितज्ञों में उसने सबसे अधिक असाधारण क्षमता का प्रदर्शन किया है।"

□

25

रामानुजन की छात्रवृत्ति का बढ़ना और उन्हें बी.ए. की उपाधि

सन् 1915 के समाप्त होने के साथ-साथ रामानुजन की छात्रवृत्ति के दो वर्ष पूरे होने को थे। छात्रवृत्ति आगे बढ़ाने के लिए संस्तुतियों का जाना आवश्यक था। कैंब्रिज में प्रत्येक विद्यार्थी के साथ संरक्षक-शिक्षक, जिसे वहाँ उस विद्यार्थी का 'ट्यूटर' कहते हैं, को नियत किया जाता है। इस निजी संरक्षक-शिक्षक का यह दायित्व होता है कि वह अपने संरक्षित विद्यार्थी की और उसकी प्रगति की देख-भाल करे। रामानुजन के संरक्षक-शिक्षक थे श्री ई.डब्ल्यू. बार्नस। ट्राइपोस में परिवर्तन लाने में वह प्रो. हार्डी के समर्थक थे। वह रामानुजन को ट्रिनिटी का अब तक का सबसे मेधावी छात्र मानते थे।

रामानुजन को, जैसा पहले लिख आए हैं, 250 पाउंड प्रतिवर्ष की छात्रवृत्ति मिलती थी, जिसमें से 50 पाउंड उनके परिवार के पास भेजा जाता था। इसके अतिरिक्त उन्हें 60 पाउंड प्रतिवर्ष 'एक्जीबिशन' के नाम से ट्रिनिटी कॉलेज से मिलता था। यहाँ यह भी उल्लेख करना उचित होगा कि तब इंग्लैंड में किसी उद्योग के कर्मचारी को 75 पाउंड प्रतिवर्ष वेतन मिलता था। आयकर देने के लिए न्यूनतम आय 160 पाउंड प्रतिवर्ष थी और केवल 7 प्रतिशत व्यक्ति ही इस श्रेणी में आते थे। इन आँकड़ों से रामानुजन की आय को अच्छा कहा जा सकता है।

नवंबर 1915 में श्री बार्नस ने मद्रास विश्वविद्यालय के रजिस्ट्रार फ्रांसिस ड्यूबरी को लिखा—'रामानुजन की प्रगति अति उत्तम है। उससे जो आशाएँ थीं, यहाँ उन सभी को वह समुचित रूप से पूरा कर रहा है। उसकी दो वर्ष की छात्र-वृत्ति, जिसका समय निकट में ही समाप्त होने को है, तब तक के लिए बढ़ा दें जब तक कॉलेज के फेलोशिप के लिए उसे नहीं चुना जाता। मैं यह चुनाव अक्तूबर

1917 में होने की आशा करता हूँ।''

कुछ ही दिन पश्चात् हार्डी ने भी ड्यूसबरी को लिखा—''आधुनिक भारतीय गणितज्ञों में रामानुजन के सर्वोपरि होने में कोई संदेह नहीं है। हाँ, अपने शोध के विषयों के चयन और उनपर काम करने के मामले में वह सदा से सनकी है, परंतु अपनी अद्‍भुत देन के कारण निस्संदेह वह मेरे परिचित गणितज्ञों में सबसे असाधारण है।''

मद्रास में सर फ्रांसिस स्प्रिंग ने भी दो वर्ष के लिए छात्रवृत्ति बढ़ाने के लिए अपनी स्वीकृति दी। विश्वविद्यालय ने ट्रिनिटी की फेलोशिप मिलने की संभावना को ध्यान में रखते हुए छात्रवृत्ति एक वर्ष के लिए बढ़ा दी तथा और आगे बढ़ाने की संभावना का भी उल्लेख किया।

रामानुजन का स्थान ट्रिनिटी कॉलेज में 'शोध-छात्र' का था, परंतु उसमें एक प्रावधानिक समस्या थी। इस स्थान के लिए छात्र के पास विश्वविद्यालय की डिग्री होना आवश्यक था, जिसे उनके प्रति छोड़ दिया गया था; परंतु यह समस्या बार-बार सिर उठाती थी।

मार्च 1916 में उन्हें अपने 62 पृष्ठ के प्रकाशित शोध-लेख 'हाइली कंपोजिट नंबर्स' के आधार पर बी.ए. (बाई रिसर्च) की उपाधि प्रदान कर दी गई। 18 मार्च को डिग्री प्राप्त करने के पश्चात् अन्य विद्यार्थियों के साथ उनका एक सामूहिक चित्र प्राप्त है।

□

26

पश्चिमी वातावरण में रामानुजन का जीवन

साधारणत: आज भी एक ऐसे देश में, जहाँ की संस्कृति व सभ्यता अपने देश से बिलकुल भिन्न हो, एक व्यक्ति को अपने परिवार से दूर जाकर रहने पर बड़ी विषम परिस्थितियों का सामना करना पड़ता है। तब की तो बात ही और थी। रामानुजन को भी यह सब झेलना पड़ा और इन व्यक्तिगत परेशानियों का भी प्रभाव उनके जीवन पर पड़ा।

पिछले अध्यायों में हम रामानुजन को मिले कैंब्रिज के बौद्धिक वातावरण तथा विश्वयुद्ध से उत्पन्न परिस्थितियों का उल्लेख कर आए हैं। यह बौद्धिक वातावरण वास्तव में कैसा था, रामानुजन के कृतित्व के कितना अनुकूल था, यह भी रामानुजन के व्यक्तित्व एवं कृतित्व को समझने के लिए जान लेना आवश्यक है।

सबसे पहले उनकी दिनचर्या एवं भोजन व्यवस्था का अवलोकन करना उचित होगा। एक व्यक्ति के जीवन में कितने ही प्रभाव क्षेत्र कार्य करते हैं। मोटे तौर पर इन्हें देहिक, मानसिक, बौद्धिक, पारिवारिक आदि कहा जा सकता है। जिस प्रकार वह नामगिरी देवी से जुड़े थे, उससे उनके व्यक्तित्व का एक आध्यात्मिक पक्ष भी था।

रामानुजन का शोध कार्य बौद्धिक क्षेत्र था, परंतु अन्य क्षेत्रों का भी निरंतर सक्रिय रहना स्वाभाविक था। भारत में उनके जो संस्कार बने थे, वे सब उनके जीवन के अभिन्न अंग बन गए थे। एक कर्मकांडी परिवार में पले, देवी-देवताओं के प्रति आस्थावान् रामानुजन की एक अलग प्रकार की मानसिकता थी। ट्रिनिटी में उन्होंने अपने कक्ष में हिंदू देवी-देवताओं के चित्र लगा रखे थे। प्रात: उठकर वह नियम से स्नान करते, धोती धारण करके मस्तक पर तिलक एवं भस्म लगाकर पूजन-अर्चन, ध्यान आदि करते। जब वे बाहर जाते तभी पश्चिमी वस्त्रों को धारण करते थे।

भारत में उन्हें स्वयं भोजन बनाने की कभी आवश्यकता नहीं पड़ी थी। तब इंग्लैंड में आज की तरह भारतीय भोजनालय नहीं थे। अत: पूर्णरूप से शाकाहारी जीवन व्यतीत करने के लिए स्वयं भोजन बनाना उनके लिए अनिवार्य था। वहाँ पहुँचने के बाद आरंभ के दिनों में एक-दो बार उन्होंने कॉलेज की कैंटीन में भुने आलू मँगाकर खाए, परंतु जब एक अन्य भारतीय, जो स्वयं भी एक तमिल ब्राह्मण था, ने हँसते हुए कहा कि ये तो सुअर की चर्बी (लार्ड) में भूने गए हैं, तो उसके बाद रामानुजन ने कॉलेज कैंटीन से कभी कुछ लेकर नहीं खाया। वह स्वयं अपना खाना बनाने-खाने लगे थे। वह मुख्य रूप से चावल, दही, रसम, सांभर आदि बनाते थे और कभी-कभी आनेवाले मित्रों को भी खाने पर आमंत्रित कर लेते थे। दिन में एक बार अथवा दो दिन में एक बार ही वह भोजन बनाते थे।

उनके समय में लगभग एक हजार भारतीय विद्यार्थी इंग्लैंड में शिक्षा प्राप्त कर रहे थे। रामानुजन यद्यपि शरमीले और एकांतप्रिय थे, परंतु उन्हें अन्य भारतीयों से मिलना, चुटकुले सुनाना, राजनीति पर चर्चा करना एवं धर्म-दर्शन पर वार्त्ता करने में रुचि रहती थी। धर्म और दर्शन पर उनके ज्ञान से प्रभावित होकर पी.सी. महालनोबीस ने तो यहाँ तक कहा था कि यदि वह एक दार्शनिक बनते तो उस दिशा में भी अपनी अमिट छाप छोड़ते। आरंभ के समय को छोड़ बाद में उनकी असाधारण प्रतिभा तथा कितनी ही विस्मित करनेवाली चर्चाओं के कारण अन्य भारतीय उनसे मिलने के लिए उत्सुक रहते थे। वास्तविकता तो यह थी कि उनका सामाजिक व्यवहार भारतीयों से भी नाममात्र का ही था।

सामाजिक स्तर पर अंग्रेजों से उनके मिलने-जुलने का कोई प्रमाण नहीं मिलता। कार्य में अत्यधिक व्यस्त रहना और अपने कक्ष से बहुत कम ही बाहर निकलना इसका एक कारण रहा। वह तो बिशप हॉस्टल में बंद ही रहते थे। स्वाभाविक रूप से शरमीला होना दूसरा कारण था। परंतु इनके अतिरिक्त इसमें अंग्रेजों का स्वभाव भी महत्त्वपूर्ण कारण रहा होगा। रामानुजन की जीवनी के लेखक कैनिगेल ने अंग्रेजों, विशेष रूप से कैंब्रिज, के इस बेबाक स्वभाव के विषय पर कुछ विस्तार से लिखा है। उन्होंने स्पष्ट शब्दों में अंग्रेजों की रंग एवं जाति भेदभाव की बात को भी लिखा है। उन्होंने सन् 1922 की 'लइटन कमेटी' को उद्धृत किया है, जिसके अनुसार निष्कर्षत:—

> *''हमारे विचार से यह स्वीकार करना चाहिए कि ब्रिटेन और भारत के विद्यार्थियों के अपने-अपने विशिष्ट चारित्रिक लक्षण हैं, जो*

घनिष्ठता में बाधक होते हैं। ब्रिटेनवासी मिलनसार नहीं हैं जिसके कारण वे अपने देशवासियों से मित्र भी बनाने में धीमे हैं और किसी आगंतुक द्वारा व्यक्तिगत जानकारी बढ़ाने के प्रयत्नों को शंका की दृष्टि से देखते हैं।' कैनिगेल के शब्दों में, 'बातचीत में एक अंग्रेज अति सावधानी से ठीक होते हुए भी भावनाहीन और तटस्थ दृष्टिकोण रखकर यह स्पष्ट दरशा देता है कि वह सामनेवाले की बात को रंचमात्र भी महत्त्व नहीं देता।'' एक प्रकार की उदासीनता, तटस्थता, व्यवसायिक मानसिकता, भावनात्मक-हीनता ब्रिटेन-वासियों के स्वाभाविक चारित्रिक गुण हैं। स्वयं महात्मा गांधी ने, जो रामानुजन से बहुत पहले 1887 में इंग्लैंड गए थे, इसका चर्चा किया है।

रामानुजन भी अंग्रेजों से मित्रता बढ़ाने के लिए उत्सुक एवं लचीले स्वभाव के नहीं थे। कहते हैं, उन्हें किसी अंग्रेज के साथ बैठकर उसकी गंध पर विस्मय होता था। उन्हें बाद में यह पता लगा कि अंग्रेज प्रतिदिन स्नान नहीं करते हैं। सच तो यह है कि सप्ताह में एक बार भी स्नान करनेवाले अंग्रेज अधिक नहीं हैं। एक जानकार तथ्य के अनुसार अंग्रेजों ने स्नान करने की आदत भारतीयों से सीखी है।

वास्तव में सामाजिक स्तर पर प्रो. हार्डी से भी उनका कोई विशेष संबंध स्थापित नहीं हुआ था। दोनों जब मिलते तब गणित पर बातें करते ही समय निकल जाता, कोई अन्य वार्त्ता चल ही नहीं पाती थी। उन्होंने लिखा है—

''रामानुजन एक गणितज्ञ था, जो काम की बात करने के लिए उतावला रहता था। और फिर मैं भी एक गणितज्ञ ही था। एक गणितज्ञ को रामानुजन से मिलने पर इतिहास की बातें करने के बजाय अन्य बहुत रोचक चीजें रहती थीं। यह पता लगाना कि उसने उन निष्कर्षों तथा प्रमेयों को कैसे प्राप्त किया, नितांत मूर्खता लगती थी; जबकि वह मुझे आधा दर्जन नए शोध प्रतिदिन ही दिखाता था।''

सामाजिक संबंध न बन पाने के बारे में प्रो. हार्डी ने स्वयं लिखा है, ''रामानुजन एक भारतीय था और मेरा विश्वास है कि एक अंग्रेज को एक भारतीय को आपस में ठीक से समझना दूभर है।'' रामानुजन को कैंब्रिज में बुलाने में निमित्त होने तथा आयु में लगभग दस वर्ष बड़े प्रो. हार्डी का व्यवहार उनके प्रति एक अभिभावक जैसा ही था।

इसके अतिरिक्त हार्डी अन्य बहुत से कार्यों में व्यस्त थे। गणित के क्षेत्रों को ही लें, तो रामानुजन की शोध के क्षेत्रों के अतिरिक्त वह गणित के कई क्षेत्रों में कार्य कर रहे थे। 1915 से 1918 के बीच उन्होंने 45 शोध-पत्र लिखे जिनमें से केवल 4 रामानुजन के साथ थे। वह 'लंदन मैथेमेटिकल सोसाइटी' में सक्रिय थे, उसकी बैठकों में भाग लेते थे, उसके एक पदाधिकारी थे। 'कैंब्रिज फिलोसॉफिकल सोसाइटी' से वह जुड़े थे। वह विश्व स्तर के गणितज्ञ थे। गणित के बाद भी वह अन्य संस्थाओं से जुड़े थे। क्रिकेट उनका प्रिय खेल था और वह उसमें विशेष रस लेते थे, टेनिस वह नियम से खेलते थे। वह 'ट्रिनिटी एस्से सोसाइटी' के सदस्य थे। आदि, आदि।

हार्डी युद्ध के विरुद्ध थे और इस संबंध में उनके विचार छिपे नहीं थे। बर्ट्रेंड रसेल से बहुत व्यक्ति परिचित होंगे। गणितज्ञ होने के साथ-साथ वह एक उच्च कोटि के दार्शनिक भी थे। उस समय बर्ट्रेंड रसेल को लेकर ट्रिनिटी में काफी उथल-पुथल थी। वह युद्ध के विरुद्ध थे। उनका विरोध मौखिक नहीं था। वह 'नॉन-कांसक्रिप्शन फैलोशिप' में सक्रिय होकर अनिवार्य सैन्य-भरती का विरोध करते थे। तभी एक विशेष घटना घटी। अप्रैल 1916 में स्कूल के एक अध्यापक श्री एवरेट्ट, जो अंत:करण की आवाज पर अनिवार्य भरती के विरुद्ध थे, को अ-सैन्य कार्य के लिए भरती के आदेश आए, जिसको मानने से उन्होंने मना कर दिया। इस अवज्ञा के लिए उनका 'कोर्ट-मार्शल' कर दो वर्ष की कठोर सज़ा दे दी गई। रसेल ने उस सजा के विरोध में अपने हस्ताक्षरों से एक प्रपत्र निकाला। इसपर ट्रिनिटी कॉलेज ने रसेल को बरखास्त कर दिया। पूरे ट्रिनिटी में विभिन्न प्रतिक्रियाएँ हुईं। हार्डी, लिटिलवुड, बार्नेस, नेबिल तथा कुछ अन्य व्यक्तियों ने इसका प्रतिकार किया। बाद में अन्य ऐसी ही घटनाओं पर भी हार्डी चुप नहीं रहे।

संक्षेप में कहें तो वहाँ रामानुजन का यदि कोई निकट का व्यक्ति था तो वह एकमात्र हार्डी ही थे और प्रो. हार्डी के पास रामानुजन के लिए बहुत ही सीमित समय था। इस प्रकार रामानुजन के लिए कितने ही कारणों से ट्रिनिटी सामाजिक परिवेश मानसिक शांति के लिए आदर्श तो क्या, अनुकूल भी नहीं था।

□

27

भारत में उनके पीछे घर का वातावरण

प्रारंभ में रामानुजन दो वर्ष की छात्रवृत्ति पर कैंब्रिज आए थे। यद्यपि उनकी छात्रवृत्ति का समय बढ़ गया था, पर दो वर्ष इंग्लैंड में रहने के पश्चात् भारत अपने परिजनों व मित्रों से मिलने के लिए जाना चाहते थे। विश्वयुद्ध छिड़ने के कारण वह नहीं जा पाए। इसका एक दूसरा कारण उनकी माँ थीं, जो अपने प्रतिभावान् पुत्र को सफलता के शिखर पर देखना चाहती थीं। रामानुजन को बी.ए. की उपाधि मिलने के पश्चात् वह चाहती थीं कि वह वहाँ से एम.ए. भी कर लें। अतः उनकी माता ने उन्हें पत्र लिखकर सलाह दी कि वह घर आने के स्थान पर वहाँ रहकर ही एम.ए. कर लें।

रामानुजन के इंग्लैंड चले जाने पर उनके घर में काफी तनाव आया। रामानुजन को पत्नी जानकी का कोई पत्र नहीं मिला। ऐसा नहीं था कि जानकी ने पत्र लिखे नहीं, रामानुजन की माँ ने बीच में ही उनको रोक दिया। शायद रामानुजन के पत्र भी वह जानकी को नहीं देती थीं। जानकी की आयु कम थी, अतः माँ उनकी प्रत्येक बात पर कठोर दृष्टि रखना संभवतः अपना दायित्व समझती थीं।

एक समय रामानुजन ने अपनी माँ को यह भी लिखा कि जानकी उनके पास इंग्लैंड आ जाए। जानकी को बिना बताए ही उन्होंने रामानुजन को लिख भेजा था कि जानकी का इंग्लैंड जाने का प्रश्न ही नहीं उठता। सास-बहू में तनाव की ऐसी स्थिति अवश्य आ गई थी कि रामानुजन के पिता, जो परिवार के मामलों से निर्लिप्त से थे, को जानकी का पक्ष लेना पड़ता था।

घर की घुटन से निकलने का जानकी को एक अवसर मिला। उनका एक-मात्र भाई श्रीनिवास आयंगर तब कराची में कार्य करता था। वह अपने विवाह के लिए अपने नगर राजेंद्रपुरम आया। जानकी इस अवसर पर अपने मायके गईं। वहाँ से वह भाई के साथ कराची भी चली गईं। वहाँ से उन्होंने रामानुजन को भाभी के

लिए विवाह पर नई साड़ी खरीदने के लिए धन भेजने के लिए लिखा तो रामानुजन ने तुरंत इस माँग को पूरा किया।

घर के तनाव के कारण रामानुजन ने घर पत्र लिखना कम कर दिया। सन् 1914 में वह तीन अथवा चार पत्र प्रतिमाह घर लिखते थे। सन् 1916 में वह संख्या घटकर दो अथवा तीन रह गई और 1917 में उन्होंने कोई पत्र घर लिखा ही नहीं। परिणामत: घर से भी पत्रों का आना कम हो गया था। विशेष रूप से बीमारी के समय रामानुजन को घर से पत्र न मिलने का खेद भी होता था और रोष भी।

रामानुजन का इंग्लैंड से कोई जुड़ाव नहीं था और इधर परिवार से वह कट से गए थे। यह उनके मानसिक संतुलन के हित में नहीं था। स्वास्थ्य पर भी इसका प्रभाव पड़ना साधारण बात थी।

□

28

रामानुजन बीमार

युद्ध के कारण इंग्लैंड में खाद्य पदार्थों की कमी हो गई थी। मूल्य लगभग 65 प्रतिशत बढ़ गए थे। इंग्लैंड के निवासियों को दूध, मक्खन, आलू और चीनी मिलने में कठिनाई हो रही थी। फलों का मिलना और भी दूभर हो गया था। रामानुजन तो कच्चा-पक्का खाने के साथ दूध एवं फलों से जीवन चला रहे थे, इसलिए उन्हें कष्ट होना स्वाभाविक था।

भोजन की अनियमितता, पौष्टिक पदार्थों की कमी, कार्य की बहुलता, सामाजिक विरक्ति, एकाकीपन, कैंब्रिज की सर्दी, खराब मौसम, सब ओर से चिंता आदि रामानुजन के स्वास्थ्य के लिए हानिकारक थे। अप्रैल 1917 के आस-पास वह बीमार पड़ गए।

थोड़ी-बहुत दवा से काम नहीं चला तो नेविल के घर के निकट के एक निजी 'नर्सिंग होम' में उन्हें दाखिल करा दिया गया। उनकी हालत चिंताजनक हो गई। प्रो. हार्डी ने घबराकर भारत में रामचंद्र राव के पास शीघ्र समाचार भेजने के लिए 'मास्टर ऑफ ट्रिनिटी' से कहा। बाद में जब हालत कुछ सुधरी तो उन्होंने रामचंद्र राव को चिंता न करने के लिए सुब्रमण्यन से संपर्क करने के लिए कहा। हार्डी तथा अन्य सूत्रों से पता चलता है कि बीमारी की हालत में रामानुजन को सँभालना सरल नहीं था। वह जिद्दी थे, दर्द से परेशान होकर खूब चिल्लाते थे। दवा लेने में आनाकानी करते थे। उन्हें दवा पर विश्वास नहीं था। आरंभ में वह डॉक्टर पर विश्वास अवश्य कर लेते थे, परंतु जब शीघ्र ही कोई लाभ नहीं होता तो वह उस डॉक्टर को बेकार मानने लगते थे। भोजन के बारे में बहुत नाक-भौंह सिकोड़ते थे। बीमारी में कहीं वह जीवन का अंत निकट देखते थे। इंग्लैंड के डॉक्टर उनसे इतना परेशान हो जाते थे कि वे उनका उपचार करने से कतराते थे। दो वर्ष की बीमारी के दौरान वह लगभग आठ डॉक्टरों के पास तथा पाँच अस्पतालों में उपचार के लिए गए।

आरंभ में उनका उपचार 'गैस्ट्रिक अल्सर' मानकर किया गया, परंतु बाद में क्षय रोग का निदान किया गया और उसका ही इलाज चला। तब तक क्षय रोग में उपयोगी ओषधि स्ट्रेप्टोमाइसीन का पता नहीं लगा था। क्षय रोग को एक असाध्य रोग माना जाता था। उससे उबरने के लिए दूर ठंडे प्रदेशों में प्रकृति के बीच सेनेटोरियम बनाए गए थे, जहाँ स्वस्थ वातावरण में पौष्टिक भोजन और पूर्ण आराम से रोगी को स्वास्थ्य-लाभ होता था। ऐसा भारत में भी काफी बाद तक होता था। रामानुजन को क्षय रोग में लाभ प्राप्त करने के लिए सेनेटोरियम में लंबे समय तक रहना पड़ा।

कदाचित् अक्तूबर में वह सोमरसेट में वेल्स नगर के निकट स्थित 'मेंडिप हिल्स सेनेटोरियम' में चले गए। वहाँ उन्हें भारतीय डॉक्टर मुथु मिले, जो तीन वर्ष पूर्व उनके साथ नेवासा समुद्री जहाज में ही इंग्लैंड आए थे।

नवंबर में उनको वहाँ से मैटलॉक हाउस सेनेटोरियम में स्थानांतरित कर दिया गया। वह स्थान उनको रास नहीं आया। इस बात का पता प्रो. हार्डी को लिखे उनके एक पत्र से मिलता है। उन्होंने लिखा था—

> *''मुझे यहाँ आए एक माह हो गया है और एक दिन भी आग सेंकने की अनुमति नहीं दी गई। मैं कितनी ही बार ठंड में ठिठुरता हूँ और कई बार तो भोजन तक नहीं कर पाया हूँ। आरंभ में मुझे बताया गया था कि एक-दो घंटे तक केवल स्वागत रूप आग सेंकने देने के अतिरिक्त मुझे यह सुविधा नहीं मिलेगी। एक पखवाड़ा रुकने के बाद मुझे बताया कि आपका एक पत्र आया है। जिस दिन मैं गणित का कोई गंभीर काम करूँ उस दिन मुझे सेंकने के लिए आग दे दी जाएगी। वह दिन भी अभी तक नहीं आया है और मैं यहाँ भयानक खुले ठिठुरते कक्ष में पड़ा हूँ।''*

ऐसा नहीं था कि मैटलॉक के कर्मचारी रामानुजन को आग की गरमी की सुविधा न देकर उनके प्रति क्रूर व्यवहार कर रहे थे। खुली खिड़कियोंवाले ठंडे कक्ष में रखना तब क्षय रोग का निदान माना जाता था।

यहीं प्रो. हार्डी को रामानुजन के घर पर चल रहे तनाव का पता चला था और यह ज्ञात हुआ था कि उनका अपने घर से पत्र-व्यवहार रुक गया है।

□

29

ट्रिनिटी की फेलोशिप नहीं, आत्महत्या का प्रयास और 'रॉयल सोसाइटी के फेलो' का सफल चुनाव

रामानुजन बीमारी के कारण मैटलॉक सेनेटोरियम में थे। रामानुजन के संरक्षक-अध्यापक श्री बार्नस ने पूरे विश्वास से मद्रास विश्वविद्यालय को लिखा था कि रामानुजन को अक्तूबर 1917 में ट्रिनिटी की फेलोशिप मिल जाएगी; परंतु तब तक ट्रिनिटी का वातावरण बहुत बदल चुका था। बर्ट्रेंड रसेल के निकाल दिए जाने से अध्यापक वर्ग में विभाजन हो गया था। प्रो. हार्डी इस विषय पर अपना रोष व्यक्त कर चुके थे, अतः अधिकारी वर्ग उनसे रुष्ट था।

रॉयल सोसाइटी भवन, लंदन

अक्तूबर 1917 में रामानुजन को पता लगा कि फेलोशिप के लिए उन्हें नहीं चुना गया। कैनीगेल ने लिखा है कि इस निर्णय में निश्चित रूप से जाति-भेद कारण रहा, क्योंकि रामानुजन एक गोरे व्यक्ति नहीं थे। रामानुजन का मनोबल टूट गया। गणित में उनकी गति लगभग रुक गई और वह मानसिक रूप से असंतुलित होने के कगार पर पहुँच गए।

रामानुजन की मानसिक स्थिति प्रो. हार्डी से छिपी नहीं थी। ट्रिनिटी की दुत्कार की परवाह न करते हुए उन्होंने रामानुजन को लंदन मैथेमेटिकल सोसाइटी से सम्मान दिलाने का प्रयत्न किया। 6 दिसंबर, 1917 को रामानुजन लंदन मैथेमेटिकल सोसाइटी में चुन लिये गए। यह गौरव का विषय था, परंतु यह रामानुजन के लिए एवं उनके हितैषी वर्ग के लिए संतोष का विषय नहीं था।

सौभाग्य से उन्हें ब्रिटेन की एक अधिक सम्माननीय संस्था 'रॉयल सोसाइटी ऑफ लंदन' का फेलो बनाने के प्रयास आरंभ हुए। आज भी 'रॉयल सोसाइटी ऑफ लंदन' का फेलो बनना बड़े गर्व की बात मानी जाती है। जिनका इसके फेलो के लिए चयन हो जाता है वे अथवा अन्य कोई सदैव ही उस फेलो के नाम के पीछे 'एफ.आर.एस.' लगाना नहीं भूलते। तब सन् 1906 के भौतिकी नोबेल पुरस्कार विजेता जे.जे. थॉमसन, जिन्होंने इलेक्ट्रॉन का आविष्कार किया था, इसके अध्यक्ष थे।

18 दिसंबर, 1917 को प्रो. हार्डी और ग्यारह अन्य गणितज्ञों—ई.टी. वाटसन, एन.आर. फॉरसाइथ, ए.एन. ह्वाइटहेड, पी.ए. मैक्महोम, जे.एच. ग्रेस, जोसफ लैरमो, टी.जे. ब्राउनविच, ई.डब्ल्यू. हॉबसन, एच.एफ. बेकर, जे.ई. लिटिलवुड तथा जे.डब्ल्यू. निकोल्सन ने एक आवेदन 'रॉयल सोसाइटी ऑफ लंदन' को दिया, जिसमें रामानुजन को उनके उन्नत कार्य के आधार पर विधिवत् फेलो निर्वाचित करने के लिए मनोनीत किया गया। यह आवेदन सोसाइटी की बैठक में 24 जनवरी, 1918 को 103 अन्य प्रस्तावित नामों के साथ प्रस्तुत किया गया।

रामानुजन जनवरी 1918 में कुछ दिनों के लिए मैटलॉक सेनेटोरियम से लंदन आए थे। ट्रिनिटी की दुत्कार से अपमानित, प्राणघातक बीमारी, सेनेटोरियम की परेशानियाँ, ठीक से भोजन न मिलने का कष्ट, घर में तनाव—ये सब उन्हें कदाचित् असह्य लगने लगा था। मानसिक पीड़ा को दूर करने का कोई उपाय या साधन नहीं था। मन अस्थिर हो गया था, कहीं प्रकाश दिखाई नहीं पड़ रहा था। उन्हें अपना जीवन भार लगने लगा। उन्होंने प्राण देने की ठान ली। वह रेलवे स्टेशन गए और सामने से आती गाड़ी की पटरी पर कूद पड़े। यह चमत्कार ही हुआ समझिए

कि गार्ड ने उन्हें पटरी पर गिरते देख दूर से ही गाड़ी रोकने का बटन दबा दिया। एक तेज कर्कश आवाज एवं झटके के साथ गाड़ी उनसे कुछ मीटर पहले ही रुक गई। रामानुजन की जान बच गई, परंतु उनके घुटने लहूलुहान हो गए।

उन्हें बंदी बना लिया गया और स्कॉटलैंड यार्ड में ले जाया गया। खबर सुनते ही प्रो. हार्डी घटना स्थल पर पहुँचे। ट्रिनिटी के सम्माननीय प्राध्यापक की मर्यादा का पूरा लाभ उठाते हुए उन्होंने वहाँ पुलिस अधिकारियों को रामानुजन का बढ़ा-चढ़ाकर परिचय दिया। उन्होंने कहा कि रामानुजन 'रॉयल सोसाइटी के फेलो' हैं। यह सुनते ही पुलिस अधिकारी हक्के-बक्के रह गए। रामानुजन को सम्मान सहित तुरंत रिहा कर दिया गया। वास्तव में तब न रामानुजन 'रॉयल सोसाइटी के फेलो' थे और न ही ऐसा कोई विधान था कि रॉयल सोसाइटी के फेलो को बंदी बनाकर मुकदमा नहीं चलाया जा सकता; परंतु समय पर हार्डी का प्रभावशाली व्यक्तित्व एवं युक्ति काम कर गई और रामानुजन एक बहुत बड़ी मुसीबत से बच गए। आगे के घटनाक्रम इस बात की पुष्टि करते हैं कि क्षणिक उद्वेग के कारण उनमें आत्महत्या का विचार पनपा था।

यह घटना तब हुई जब उनके 'रॉयल सोसाइटी के फेलो' का प्रस्ताव रॉयल सोसाइटी के विचाराधीन था। इसमें चुना जाना आसान बात नहीं थी। पहली बार तो यह लगभग असंभव जैसा था। विचाराधीन काल में ही डॉ. जे.जे. थॉमसन ने शायद यह विचार रखा भी था कि उन्हें अगले वर्ष के लिए छोड़ दिया जाए। परंतु प्रो. हार्डी ने उन्हें एक लंबा पत्र लिखा। उसमें उन्होंने रामानुजन की बीमारी का उल्लेख भी किया और कहा कि रामानुजन एक असाधारण और मेधावी गणितज्ञ हैं। उनमें तथा किसी भी अन्य गणितज्ञ में अंतर की एक बड़ी खाई है। इसी वर्ष उन्हें चुन लेना इसलिए भी आवश्यक है कि कहीं ऐसा न हो कि एक वर्ष बाद वह यह सम्मान पाने के लिए रहे ही नहीं और तब हम एक अद्वितीय गणितज्ञ को ठीक समय पर सम्मानित न करने का पश्चात्ताप ही करते रह जाएँ।

104 प्रस्तावित व्यक्तियों में से केवल 15 को उस वर्ष 'रॉयल सोसाइटी का फेलो' चुना गया। रामानुजन उनमें से एक थे। मई 1918 में रामानुजन के नाम के अंत में 'एफ.आर.एस.' जुड़ गया। यह एक बहुत बड़ा सम्मान था। भारत में इसका समाचार मिला तो यहाँ उनका हितैषी वर्ग बहुत कृतार्थ हुआ।

उनका स्वास्थ्य गिरता ही जा रहा था। तब वे मैटलॉक में थे। 17 मई को उन्होंने मैटलॉक से 'रॉयल सोसाइटी' को लिखा कि अधिक बीमार होने के कारण वह लंदन आकर सोसाइटी में विधिवत् प्रवेश लेने में असमर्थ हैं।

□

30
सुधरती हालत

रॉयल सोसाइटी का सम्मान प्राप्त होने के कुछ समय बाद रामानुजन के स्वास्थ्य में सुधार होने लगा। साथ ही पुनः गणित में उनके नए महत्त्वपूर्ण सूत्र व साध्य भी निकलने लगे। वह मैटलॉक से लंदन चले गए और फिट्जरॉय हाउस में रहने लगे। परंतु कभी-कभी ज्वर तेज हो जाता था। यहाँ उन्होंने कई विशेषज्ञों की सम्मति ली, परंतु ठीक निदान नहीं हो पाया था। उनके दर्द के ठीक कारण का पता लगाने में डॉक्टर एकमत नहीं थे। उसी समय उनके दाँत उखाड़ने की बात भी आई तो एक डॉक्टर ने दर्द का कारण दाँत को ही ठहरा दिया।

अगस्त-सितंबर 1918 में पुनः उनका नाम ट्रिनिटी की फेलोशिप के लिए प्रस्तावित किया गया। रामानुजन के प्रति प्रो. हार्डी के विचारों को पक्षपातपूर्ण माना जाने लगा था और उस दौरान कैंब्रिज की राजनीति में हार्डी का काफी विरोध भी हुआ था। अतः यह प्रस्ताव इस बार लिटिलवुड, जो युद्ध की नौकरी से अस्वस्थता के कारण कैंब्रिज लौट आए थे, की ओर से प्रस्तुत हुआ। इस प्रस्ताव ने रंगभेद का रूप ले लिया। लिटिलवुड ने बाद में लिखा कि "रामानुजन के विरुद्ध शत्रुता रखनेवाला एक व्यक्ति खुलेआम यह कहता पाया गया था कि वह एक काले व्यक्ति को फेलो के रूप में स्वीकार नहीं कर सकता।"

विरोधियों ने रामानुजन के विरुद्ध आत्महत्या के प्रयास का मामला भी लाने का प्रयत्न किया। लिटिलवुड के मित्र और पूर्व ट्राईपॉस शिक्षक आर.ए. हरमैन ने उन्हें बताया कि "रामानुजन के मानसिक संतुलन के प्रति गंभीर शंकाएँ उठाई जा रही हैं।" लिटिलवुड, जो स्वयं इतने बीमार थे कि व्यक्तिगत रूप से उपस्थित नहीं हो सकते थे, ने रामानुजन के मानसिक रूप से स्वस्थ होने के प्रमाण में दो डॉक्टरों के प्रमाण-पत्र प्रस्तुत किए।

लिटिलवुड ने बाद में लिखा है कि "इससे चुनाव समिति के संयत सदस्यों

को ठेस लगी तथा यह निश्चय किया गया कि वे प्रमाण-पत्र वहाँ न पढ़े जाएँ और फिर निर्णय केवल रामानुजन की योग्यता के आधार पर लिया जाना निश्चित हुआ। रॉयल सोसाइटी के फेलो होने के नाते निश्चित रूप से यह रामानुजन के पक्ष में ही था। एक रॉयल सोसाइटी के फेलो को ट्रिनिटी की फेलोशिप अस्वीकार करना तो कलंक की बात होती।''

इस संबंध में लिटिलवुड ने हरमैन, जो रामानुजन का विरोध कर रहे थे, से कहा, ''तुम एक एफ.आर.एस. को अस्वीकार नहीं कर सकते।''

''हाँ,'' हरमैन ने कहा, ''हम जानते हैं कि यह कपटपूर्ण (डर्टी-ट्रिक) चाल चली गई है।''

अंततोगत्वा रामानुजन को ट्रिनिटी की फेलोशिप मिल गई। रामानुजन को तार द्वारा इसकी सूचना दी गई। 18 अक्तूबर, 1918 को रामानुजन ने फिट्ज़रॉय हाउस से प्रो. हार्डी को एक पत्र लिखा, जिसमें उन्होंने धन्यवाद के साथ फेलोशिप की कुछ जानकारी चाही और किसी संख्या के विभाजनों पर अपने नए शोध के महत्त्वपूर्ण निष्कर्षों का उल्लेख किया। पत्र का आरंभ इस प्रकार था—

> *''आपके कृपापूर्ण टेलीग्राम के लिए मेरा हृदय से धन्यवाद। रॉयल सोसाइटी में मेरा चुनाव कराने में सफलता के पश्चात् इस वर्ष ट्रिनिटी में मेरा चुनाव कदाचित् उतना कठिन नहीं रह गया था। कृपया श्री लिटिलवुड एवं श्री मैकमहोन को बता दें कि मैं उनका बहुत आभारी हूँ। यदि आपने कष्ट न किया होता और उन्होंने उत्साहित नहीं किया होता तो आज मैं न एक का फेलो होता, न दूसरे का।''*

रामानुजन के पत्र में कई महत्त्वपूर्ण निष्कर्ष (results) देखकर हार्डी को यह अनुमान हो गया कि सम्मान मिलने पर रामानुजन की चेतना और उनका कृतित्व पुन: मुखरित हो उठे हैं।

उनका एक शोध लेख 'सम प्रॉपर्टीज ऑफ पी (एन.), द नंबर ऑफ पार्टीशंस ऑफ एन' (Some Properties of p (n), the Number of partitions of n) बाद में 'प्रोसीडिंग्स ऑफ द कैंब्रिज फिलोसोफिकल सोसाइटी' के सन् 1919 के अंक में प्रकाशित हुआ।

इतना ही नहीं, तुरंत बाद ही उनका एक अन्य शोध-पत्र 'प्रूफ ऑफ सरटेन आइडेंटिटीज इन कंबीनेटोरियल एनालिसिस' (Proof of Certian Identities in

Combinatorial Analysis) आया, वह भी उनपर लिखे शोधपत्र के साथ 'प्रोसीडिंग्स ऑफ द कैंब्रिज फिलोसोफिकल सोसाइटी' के सन् 1919 के अंक में प्रकाशित हुआ। ये दोनों लेख 28 अक्तूबर, 1918 को फिलॉसोफिकल सोसाइटी की वार्षिक बैठक में प्रस्तुत किए गए थे।

तभी युद्ध ने एक नया मोड़ लिया। इस बीच बोल्शेविक क्रांति के कारण रूस की सेनाएँ जर्मनी की सेनाओं के कारण परास्त हो चुकी थीं। जर्मनी ने अपने कुछ सैनिकों को इस पूर्वी मोरचे से हटाकर मध्य यूरोप में पेरिस की ओर भेजा। एक बार फिर जर्मन सेनाएँ 1914 की ही तरह मोरचे को पीछे छोड़ते हुए पेरिस के निकट पहुँच गईं। परंतु अबकी बार लगभग दस लाख अमेरिकन सैनिक फ्रांस पहुँच चुके थे। लंबे युद्ध से थकी जर्मन सेनाओं को पीछे हटने के लिए बाध्य होना पड़ा और शीघ्र ही शांति की पुकार करनी पड़ी। रामानुजन के दो शोध-लेख प्रस्तुत होने के दो सप्ताह पश्चात् एक सुखद समाचार मिला। 11 नवंबर, 1918 को युद्ध-समाप्ति की घोषणा हो गई।

□

31

भारत लौटने की तैयारी एवं भारत आगमन

चार वर्ष के ट्रिनिटी-प्रवास में रामानुजन के बीस महत्त्वपूर्ण शोध-लेख प्रकाशित हो चुके थे। वह एफ.आर.एस. की उपाधि से विभूषित हो चुके थे तथा उन्हें ट्रिनिटी से कार्य के लिए धनराशि (फेलोशिप) प्राप्त होने लगी थी। इस प्रकार उनकी उपलब्धियाँ तो असाधारण थीं।

दूसरी ओर रामानुजन पूरी तरह स्वस्थ नहीं थे। उनके स्वास्थ्य में कुछ सुधार अवश्य होने लगा था। उनके ज्वर का ऊपर-नीचे होना रुक सा गया था। वजन में भी 15 पाउंड की बढ़ोतरी हो गई थी। परंतु वास्तविकता इतनी अस्पष्ट थी कि यह कहना संभव नहीं था कि उनकी स्थिति में सुधार हो रहा है अथवा नहीं। उसी समय वह फिट्‌जरॉय स्क्वायर से लंदन से कुछ दूर टेम्स नदी के दक्षिण किनारे पर स्थित एक कोलिनेट हाउस नामक नर्सिंग-रूम में स्वास्थ्य-लाभ के लिए चले गए थे। मिलनेवालों को वहाँ उनसे मिलना मैटलॉक की अपेक्षा आसान था। वास्तव में टैक्सी के नंबर की चौंका देनेवाली घटना, जिसका उल्लेख पहले किया जा चुका है, यहीं हुई थी, जब हार्डी उनसे मिलने आए थे।

इन सबसे अधिक महत्त्व की बात यह थी कि युद्ध-विराम हो जाने से समुद्र से आने-जाने में दुर्घटना होने की आशंका समाप्त हो गई थी।

26 नवंबर को प्रो. हार्डी ने मद्रास विश्वविद्यालय के रजिस्ट्रार फ्रांसिस ड्यूबरी को लिखा—"मेरा विचार है कि इस समय उसके (रामानुजन के) भविष्य और अस्थायी वापसी पर विचार करना चाहिए।"

उनके जीवनीकार प्रो. पी.वी. शेषु अय्यर ने लिखा है—"सन् 1918 में क्रिसमस तक रामानुजन की बीमारी ने गंभीर रूप धारण कर लिया था। इससे इंग्लैंड के डॉक्टरों को उनके बारे में गंभीर चिंता हो गई थी और उनकी भलाई का विचार करके उन्होंने सलाह दी कि वह अपने देश भारत लौट जाएँ।"

भारत में उनकी उपलब्धियों से उनका हितैषी वर्ग बड़ा प्रसन्न था। इस बीच समय-समय पर उन्हें शोधवृत्ति के बढ़ाए जाने की सूचनाएँ मिलती रहती थीं। दिसंबर 1918 में उन्हें पता लगा कि उनकी 250 पाउंड प्रतिवर्ष की शोधवृत्ति अगले छह वर्षों के लिए बढ़ा दी गई है। ट्रिनिटी की फेलोशिप की राशि इससे अलग थी ही। कुल मिलाकर यह एक अच्छी राशि मिलती थी; परंतु रामानुजन वह समय भूले नहीं थे, जब स्कूल में छात्रवृत्ति समाप्त हो जाने पर उन्हें पढ़ाई छोड़नी पड़ी थी और ट्यूशन एवं रामचंद्र राव की कृपा से जीवन की गाड़ी को आगे खींचना पड़ा था। वह निर्धन व्यक्ति के जीवन में धन के मूल्य को समझते थे। वास्तव में रामानुजन कितने सहृदय थे इसका पता उन्हें मिली 250 पाउंड की इस छात्रवृत्ति के स्वीकृत होने के बाद रजिस्ट्रार को 11 जनवरी, 1919 को लिखे उनके पत्र से मिलता है, जो इस प्रकार था—

"श्रीमान,

आपका 9 दिसंबर, 1918 का कृपा-पत्र मिला। विश्वविद्यालय द्वारा प्रदान की गई उदार सहायता को मैं कृतज्ञतापूर्वक स्वीकार करता हूँ।

परंतु मुझे लगता है कि भारत लौटने पर, जिसकी संभावना प्रबंध हो जाने पर शीघ्र ही है, वह पूरी राशि जो मुझे प्राप्त होगी, मेरी आवश्यकताओं से कहीं अधिक है। मैं चाहता हूँ कि इंग्लैंड में मेरे ऊपर हुए खर्चों का भुगतान करने तथा 50 पाउंड प्रतिवर्ष मेरे माता-पिता को देने के पश्चात् जो धन बचता है, उसमें से मेरे आवश्यक खर्चों के बाद बच रहे धन का प्रयोग किसी शिक्षा के कार्य में, जैसे निर्धन और अनाथ बच्चों की फीस तथा पुस्तकों के लिए होना चाहिए। यह प्रबंध अवश्य ही मेरे लौटने पर संभव होगा।

मुझे बड़ा खेद है कि स्वास्थ्य ठीक न रहने के कारण मैं पिछले दो वर्षों में पहले की तरह अधिक गणित नहीं कर पाया हूँ। आशा करता हूँ कि शीघ्र ही मैं और अधिक कर पाऊँगा। मैं अवश्य ही पूरा प्रयत्न करूँगा कि मैं अपने आपको प्रदत्त उस सहायता के योग्य सिद्ध कर सकूँ, जो मुझे प्रदान की गई है।

आपका आज्ञाकारी सेवक

एस. रामानुजन"

24 फरवरी, 1919 को उन्होंने भारत लौटने के लिए अपने पासपोर्ट आदि कार्य संपन्न किए। तभी 13 मार्च, 1919 को उनके दो लघु लेख 'प्रोसीडिंग्स ऑफ लंदन

मैथेमेटिकल सोसाइटी' में प्रकाशित हुए। इनमें उन्होंने 'पार्टिशन फंक्शन' के कुछ नए सूत्र तथा प्रथम एवं द्वितीय रॉजर-रामानुजन के बीच संबंधों का प्रतिपादन किया था।

13 मार्च को ही उन्होंने चमड़े के बक्से में बहुत से कागज, लगभग एक दर्जन पुस्तकें, अपनी 'नोट-बुक्स' तथा अपने छोटे भाई के लिए किशमिश आदि लेकर बंबई जानेवाले पेसिफिक एंड ओरिएंट कंपनी के 'नगोया' नामक समुद्री जहाज से प्रस्थान किया।

बंबई में 27 मार्च, 1919 का शुभ दिन था। रामानुजन ने समुद्री जहाज से भारत की धरती पर पैर रखा। उनकी माता तथा छोटा भाई लक्ष्मी नरसिंह। वहाँ उनकी प्रतीक्षा कर रहे थे। पत्नी जानकी को वहाँ न पाकर कदाचित् कुछ असमंजस से उन्होंने पूछा, "वह कहाँ है?"

माँ ने कुछ रोष में कुछ इस प्रकार कहा, "अरे, उसके लिए परेशान क्यों होता है? वह भी आ जाएगी।"

जैसा पहले लिख आए हैं, रामानुजन के जाने के लगभग दो वर्ष बाद से ही उनकी माँ एवं पत्नी के संबंधों में तनाव आ गया था और पत्नी जानकी अपने भाई के पास चली गई थीं। एक वर्ष की अवधि तक इंग्लैंड में रहते हुए रामानुजन को इसका आभास हो गया था और वह परिवार में इस तनाव के कारण दुःखी रहते थे। भारत आने पर अपनी पत्नी को न पाकर उनका मन और भी उदास हो गया। वास्तव में वह यह भी अपनी माँ एवं भाई से नहीं जान पाए कि पत्नी जानकी कहाँ हैं—अपने पिता के घर राजेंद्रम में, बहन के साथ मद्रास में अथवा भाई के पास कराची में? सच तो यह है कि जानकी को रामानुजन की माँ ने रामानुजन के भारत लौटने की सूचना ही नहीं दी थी। हाँ, मद्रास के समाचार-पत्रों के माध्यम से जानकी को उनके आने की सूचना अवश्य मिल गई थी; परंतु किसी अज्ञात भय के कारण उनका साहस बंबई पहुँचने का नहीं हो पाया था।

तुरंत ही अनुज लक्ष्मी नरसिंहा ने दो-तीन स्थानों पर पत्र लिखकर जानकी को रामानुजन के पहुँचने की सूचना दी और लिखा कि रामानुजन उनसे शीघ्र ही मद्रास में मिलने के लिए आतुर हैं। जानकी तथा उनके घरवालों के लिए इतना ही पर्याप्त था। वह अपने भाई के साथ तत्काल मद्रास के लिए चल पड़ीं।

विदेश से लौटने पर रामानुजन तथा उनकी माता को एक अन्य चिंता थी—सामाजिक शुद्धि की। इसके लिए उनकी माता ने उन्हें रामेश्वरम् मंदिर ले जाकर पश्चात्ताप करने की योजना बना रखी थी; परंतु उनके स्वास्थ्य को ध्यान में रखते हुए लगभग 500 मील की इस यात्रा को स्थगित करना पड़ा और तीन रात बंबई में

रुककर बंबई मेल से मद्रास ले जाया गया।

रामानुजन को अपने जीवन में, विशेष रूप से लंदन जाने के बाद, काफी ख्याति मिली थी। समाचार-पत्रों में उनके बारे में समय-समय पर समाचार प्रकाशित होते रहते थे। भारत पहुँचने से एक सप्ताह पूर्व उनकी जीवनी एवं कार्य-कलाप वाले सराहनापूर्ण लेख प्रकाशित हुए थे। जब उन्हें एफ.आर.एस. से सम्मानित किया गया था, तब उनकी अनुपस्थिति में ही प्रेसीडेंसी कॉलेज तथा अन्य स्थानों पर भव्य समारोह आयोजित हुए थे। वस्तुतः वह समाज में प्रतिभा और गौरव की प्रतिमा तथा चर्चा का विषय बन चुके थे। राजनीतिक स्तर पर देश में स्वायत्त शासन तथा देशभक्ति की भावना का प्रादुर्भाव भी हुआ था।

उनकी ख्याति से प्रभावित मद्रास के कई व्यक्ति उनकी सुख-सुविधा तथा रहने की सारी व्यवस्था करने के लिए आगे आए। उनके उपचार पर होने वाले व्यय के लिए भी सहृदय व्यक्तियों की कमी नहीं रही।

पहले वह एडवर्ड इलियट मार्ग पर स्थित एक धनी वकील के सुंदर बँगले पर रुके। उनके एक जीवनीकार ने लिखा है कि वहाँ पहुँचने के कुछ समय बाद जब उनके पुराने विद्यार्थी के.एस. विश्वनाथ शास्त्री उनसे मिलने पहुँचे तो वह दही तथा सांभर खा रहे थे। तब उन्होंने कहा था, ''यदि यह मुझे इंग्लैंड में मिल गया होता तो मैं बीमार ही न होता।''

उनकी ख्याति और अब एक बड़े बँगले में रहने के कारण तथा स्वास्थ्य ठीक न होने के कारण उच्च वर्ग के जाने-अनजाने व्यक्ति उनसे मिलने के लिए आते रहते थे। उन आगंतुकों की भीड़ से बचाने के लिए उनके डॉक्टर एम.सी. नजुंडा राव ने उन्हें नगर से कुछ और दूरी पर लुज चर्च रोड पर स्थित 'वेंकट विलास' में स्थानांतरित करवा दिया था। यहीं पर 6 अप्रैल को जानकी अपने भाई के साथ रामानुजन के पास पहुँचीं। बाद में उनके पिता भी उनसे इंग्लैंड से लौटने पर उनसे प्रथम बार मिले।

24 अप्रैल को उन्होंने रजिस्ट्रार ड्यूसबरी को लिखा कि वह उनकी यात्रा आदि पर हुए व्यय का ब्योरा बना दें, तथा उन्हें प्राप्त होनेवाली फेलोशिप की राशि प्रति माह उन्हें भेजने का प्रबंध कर दें।

उन्हें विश्वविद्यालय में प्राध्यापक के पद पर नियुक्त किया गया। इस नियुक्ति को उन्होंने स्वीकार कर लिया और स्वास्थ्य सुधरने पर कार्यभार सँभालने की बात विश्वविद्यालय को लिखी।

उनका ध्यान रखनेवालों में तथा समय-समय पर उनसे मिलनेवालों में श्री रामचंद्र राव, सर फ्रांसिस स्प्रिंग, श्री नारायण अय्यर, 'हिंदू' समाचार-पत्र के प्रकाशक आदि गण्यमान्य व्यक्ति थे। □

32

बिगड़ता स्वास्थ्य

रामानुजन बीमारी की दशा में भारत आए थे। इंग्लैंड में डॉक्टरों ने उनके रोग को क्षय रोग बताया था। भारत लौटने पर लगभग तेरह माह तक वे अपनी इस बीमारी से संघर्ष करते रहे। इस बीच उनकी पत्नी, माँ, पिता, दो भाई, नानी आदि उनके साथ रहे। बीमारी के कारण उन्होंने कई स्थान बदले—पहले नौ महीनों में छह स्थान। एडवर्ड इलियट रोड के बँगले में रामानुजन लगभग तीन माह तक वेंकट विलास (मद्रास) में रहे। तब मद्रास का तापमान अधिक हो जाने के कारण स्थान-परिवर्तन करके स्वास्थ्य-लाभ के लिए वह कोडुमुदी चले गए। वहाँ दो माह रुके। वहाँ भी स्वास्थ्य में सुधार न होने के कारण थोड़े समय कोयंबटूर में रहकर फिर अपने जन्म-स्थान कुंभकोणम गए। वहाँ उनकी स्थिति में तेजी से गिरावट आई। अत: सन् 1920 में जनवरी के आरंभ में, जब मद्रास में गरमी कम हो गई तब पुन: उन्हें मद्रास लाया गया। अपने जीवन के शेष लगभग चार माह वह कुदेसिया, बैरिंटन रोड, चेटपुट तथा मद्रास में रहे। पहले घर का नाम 'क्रायंट' था। इसमें 'क्राई' शब्द में उन्हें अपशकुन नजर आता था। अत: बाद में वह 'गौमित्र' नामक घर में रहने चले गए थे।

इंग्लैंड में डॉक्टरों ने कितने ही, और कई बार अलग-अलग परीक्षण किए थे। भारत आकर प्रत्येक नए स्थान पर अलग-अलग डॉक्टरों ने पुन: बार-बार परीक्षण किए। इन परीक्षणों, सबकी अलग-अलग रिपोर्टों तथा दवाइयों से वह तंग आ गए थे और पुरानी आदत के अनुसार डॉक्टरों से सहयोग नहीं करते थे। थर्मामीटर को तोड़ देना, दवा न खाना और बात-बात पर बिगड़ना उनका स्वभाव बन गया था। दिसंबर 1919 में मद्रास विश्वविद्यालय के श्री ड्यूसबरी ने प्रो. हार्डी को एक पत्र में लिखा था—'उनका स्वास्थ्य अब भी बहुत खराब है और अपने

परिवार के साथ दूर अपने जन्म-स्थान पर रहते हुए उनका व्यवहार बड़ा दूभर एवं कष्टप्रद है। श्री रामचंद्र राव अपनी ओर से हर संभव सहायता कर रहे हैं, परंतु स्वयं रामानुजन ही उचित वातावरण में रहकर अपना उपचार करने के लिए सहमत नहीं होते हैं। यह बड़े दुर्भाग्य की बात है।'

□

33

बीमारी की स्थिति में भी उत्कट शोध

बीमारी के कारण रामानुजन अब क्षीणकाय हो गए थे। उन्हें ज्वर सदा बना रहता था तथा बलगम के साथ आनेवाली खाँसी से दुःखी रहते थे। एक बार अपने मित्र सारंगपाणि से उन्होंने कहा था, 'मेरा एक ऐसा मित्र है, जो कभी मेरा साथ नहीं छोड़ता। वह है मेरा क्षय रोग का ज्वर।'

वह कॉफी पीने के अभ्यस्त हो गए थे, जबकि पहले वह कॉफी छूते तक नहीं थे। अपने पुराने मित्रों तथा परिवार के सदस्यों से बातें करने में उन्हें कष्ट होता था। उनके कटु, चिड़चिड़े एवं उद्विग्न व्यवहार से सभी मित्र एवं परिजन आहत थे। इंग्लैंड जाने से पूर्व अपनी पत्नी जानकी से पहले उनका नाममात्र का संबंध था, परंतु अब वह उनकी सेवा में लगी रहती थीं। अपनी दिनचर्या में रामानुजन उनपर पूर्णरूप से आश्रित हो गए थे।

हाँ, कदाचित् वह अपनी पत्नी के प्रति माता के कटु व्यवहार को समझ गए थे। वह पत्नी का पक्ष लेने लगे थे, परंतु बात-बात पर पत्नी को उनके क्रोध का शिकार होना पड़ता था। जब थोड़ा एकांत होता तो पत्नी को वह अपने इंग्लैंड-प्रवास के अनुभव बड़े चाव से सुनाते थे। वह जानकी से कहते, 'तुम मेरे साथ लंदन गई होतीं तो निश्चय ही मैं बीमार नहीं होता।'

बीमारी एवं कष्ट के अतिरिक्त उनके कम बोलने तथा चिड़चिड़े स्वभाव के अन्य कारण भी थे। उनको कदाचित् अपने जीवन का अंत निकट होने का आभास हो गया था। गणित में शोध के कितने ही विचार उनके मस्तिष्क में कौंधते रहते थे और वह उनपर आवश्यक कार्य करके लेखनीबद्ध करना चाहते थे। बौद्धिक रूप से वह निरंतर गणित के नए शोध में रमे रहते थे। उनकी पत्नी उनको गणित करने के लिए स्लेट साफ करके देती रहती थीं। बाद में गणित के जिन सूत्रों को वह कागजों पर लिख देते थे, वह चमड़े के एक थैले में रख दिए जाते थे। बीच-बीच में वह

थककर लेट जाते और थोड़ी शक्ति आने पर पुनः लिखने लगते थे। उसी समय उन्होंने एक नए प्रकार का शोध किया, जिसको 'रामानुजन मॉकथीटा फंक्शन' के नाम से जाना जाता है।

12 जनवरी, 1920 को लंबे अंतराल के बाद उन्होंने प्रो. हार्डी को एक पत्र लिखा—

> *"आपको एक भी पत्र न लिख पाने का मुझे खेद है। कुछ समय पूर्व ही मैंने एक बहुत ही रुचिकर फलन (फंक्शन) खोज निकाला है। इसको मैं 'मॉकथीटा फंक्शन' कहता हूँ। (प्रो. रेजर द्वारा स्थापित) 'फाल्स थीटा फंक्शन' के विपरीत ये साधारण थीटा फंक्शन की भाँति ही गणित में आते हैं। मैं इस पत्र के साथ कुछ उदाहरण भेज रहा हूँ।"*

उन्होंने जो निष्कर्ष भेजे उनमें 4 तीसरी श्रेणी के, 10 पाँचवीं श्रेणी आदि 'मॉकथीटा फंक्शन' के बहुत से नए सूत्र थे। उनका यह कार्य बहुत ही उत्कृष्ट माना जाता है। प्रो. वाटसन ने लंबे समय तक उनपर कार्य किया और सोलह वर्ष बाद लंदन मैथेमेटिकल सोसाइटी में अपना अध्यक्षीय भाषण इसी विषय पर दिया था। उन्होंने लिखा था—"अपने पूर्व में किए गए शोध कार्य की भाँति ही मॉकथीटा फंक्शन अपने आप में रामानुजन की ऐसी उपलब्धि है, जो चिरकाल तक उनका नाम स्मरण रखने के लिए पर्याप्त है।"

इस काल में उनका मॉकथीटा, क्यू-सीरीज आदि पर किया गया कार्य विशद है। सब मिलाकर 650 नए सूत्र इसमें हैं। अमेरिकी गणितज्ञ प्रो. ज्योर्ज एंड्रूज, जो रामानुजन के कार्य पर बहुत जाने-माने अधिकारी गणितज्ञ माने जाते हैं, ने पचास वर्ष बाद उस कार्य की महत्ता से प्रभावित होकर लिखा है—

> *"इनको समझना किसी अच्छे गणितज्ञ तक के लिए कठिन है। एक वर्ग के पाँच सूत्रों में से पहला मैंने अवश्य पंद्रह मिनट में सिद्ध कर लिया था, परंतु दूसरे को एक घंटा लगा, चौथा दूसरे से निकल आया और तीसरे तथा पाँचवें को सिद्ध करने में मुझे तीन महीने लग गए।"*

मॉकथीटा फंक्शन रामानुजन का अंतिम शोध माना जाता है। उनके अंतिम दिनों का वर्णन करते हुए प्रो. शेषु अय्यर ने लिखा है—"उनका अन्य कोई भी शोध-लेख इतना मूल्यवान् एवं उनकी अंतश्चेतना का द्योतक नहीं है, जितना वह

है, जो उन्होंने अपनी रुग्णावस्था में जीवन के अंतिम दिनों में दिया। निःसंदेह उनका शरीर काम नहीं कर रहा था, परंतु उनकी मेधा-शक्ति उसी अनुपात में कुशाग्र होकर चमक उठी थी।'' कदाचित् क्षय का रोग इस प्रकार मौलिक सृजन-शक्ति को और तीव्र कर देता है। जॉर्ज एंड्रूज के शब्दों में—''उनके पास हार्डी के संग किए कार्य की विचार-शक्ति एवं सनकी प्रतिभा का अपूर्व बल था। अंतिम वर्ष में उनकी 'नोट-बुक' इसका सबल प्रमाण है।''

रामानुजन का मॉकथीटा फंक्शन केवल गणितज्ञों के लिए ही महत्त्व का नहीं था। इसका उपयोग अन्य विषयों में भी हुआ। नवंबर 1988 में 'अमेरिकन फिजिकल सोसाइटी' की राले (नॉर्थ कैरोलिना) में हुए सम्मेलन में एक शोधपत्र पढ़ा गया। उस शोधपत्र का शीर्षक था—''ए स्टडी ऑफ सेलिटन स्वीचिंग इन मैलिग्नेंसी एंड प्रोलिफरेशन ऑफ ''यूजिंग रामनुजन्स मॉकथीटा फंक्शन' जिससे यह स्पष्ट होता है कि रामानुजन द्वारा खोजे गए इस फलन का उपयोग कैंसर को समझने में भी किया गया है।

□

34
अंत

रामानुजन की लगातार बीमारी के कारण घर के सभी सदस्य बहुत चिंतित थे। जैसाकि ऐसे समय पर बहुधा होता है, दुःखी मन ओषधि के साथ-साथ ज्योतिष से भी समाधान ढूँढ़ता है। मार्च 1920 में उनकी माँ श्री नारायण स्वामी अय्यर, जो गणितज्ञ शेषु अय्यर के पूर्व विद्यार्थी के अतिरिक्त एक प्रसिद्ध ज्योतिषी भी थे, से मिलीं।

नारायण स्वामी अय्यर ने जन्म-कुंडली माँगी तो माँ, जो स्वयं ज्योतिष में पारंगत थीं, ने स्मृति से ही पूरी ग्रह-स्थिति उन्हें बता दी। कुछ समय तक उसका अध्ययन करने के बाद नारायण स्वामी ने कुछ इस प्रकार बताया, ''यह व्यक्ति या तो विश्व-प्रसिद्ध होकर अपनी प्रसिद्धि के शिखर पर ही मृत्यु को प्राप्त होगा या फिर लंबा जीवन जीकर विस्मृति के गर्त में खो जाएगा।'' ऐसा बताने के पश्चात् उन्होंने पूछा, ''यह व्यक्ति है कौन? इसका नाम क्या है?''

माता कोमलताम्मल की आँखों में आँसू आ गए। उन्होंने कहा कि यह कुंडली रामानुजन की है और स्वयं मेरा भी यही मत है।

कहते हैं, नारायण स्वामी ने यह जानकर अपनी ओर से कही अशुभ बात को कुछ सँभालने का प्रयास करते हुए कहा, ''मैंने कुछ जल्दी में यह सब कह दिया है, कृपया उसके किसी निकट संबंधी को न बताना।'' इसपर कोमलताम्मल का उत्तर था, ''मैं रामानुजन की माँ हूँ।''

नारायण स्वामी ने झेंपते हुए कहा कि अगली बार आप उसकी पत्नी की कुंडली लेकर आना। परंतु अगली बार की आवश्यकता नहीं थी, माँ ने तुरंत वहीं जानकी की कुंडली निकालकर दे दी। नारायण स्वामी ने देर तक दोनों कुंडलियों को साथ-साथ रखकर विचार किया और कुछ मार्ग निकालने के विचार से सुझाया, ''रामानुजन और जानकी को कुछ समय के लिए अलग-अलग रहना शुभकर लगता है।''

यही बात माता के मन में भी थी, परंतु उनके मुख से निकला, "यही तो वह सुनना तक नहीं चाहेगा।"

रामानुजन बहुत दुर्बल हो गए थे। वह कृशकाय ही नहीं, मात्र अस्थि-पंजर होकर रह गए थे। उनकी पत्नी ने बाद में बताया कि रामानुजन के पेट एवं पैरों में दर्द रहता था। इस दर्द से वह कराह उठते थे। पत्नी गरम पानी से उनके पैरों तथा वक्ष को सेंकती थी, परंतु ज्वर और दर्द से उन्हें कभी छुटकारा नहीं मिला। कभी-कभी तो रात-रात भर जागकर वह उनकी सेवा करती थी। बाद में उनकी पत्नी ने यह भी बताया कि वह उनके प्रति सदा बहुत ही सहृदय रहे। अपनी बातों से वह उन्हें प्रसन्न करने के लिए हँसाने का प्रयत्न करते थे। अपने इंग्लैंड-प्रवास के अनुभव एवं कहानी-किस्से सुनाया करते थे। कैंब्रिज में अपने अंग्रेज मित्रों को दक्षिण भारत का अपना बनाया भोजन देने पर मिर्च चबा जाने पर उनकी क्या दशा होती थी, आदि। अपनी मृत्यु निकट देखकर वह अपनी पत्नी के भावी जीवन-निर्वाह को लेकर भी चिंतित रहते थे।

उनके चिकित्सकों तथा कई मित्रों का यह कहना है कि उनमें जिजीविषा—जीने की चाह—नहीं रही थी। वह सदा उदास एवं उद्विग्न ही रहते थे। हाँ, अपनी मृत्यु के चार दिन पूर्व तक वह स्लेट एवं कागजों पर गणित-कार्य करते रहे। स्थिति गंभीर बन चुकी थी। चिकित्सकों ने बतला दिया था कि ओषधि के स्थान पर अब उनका जीवन केवल दैवीय शक्ति के भरोसे ही है।

26 अप्रैल, 1920 को बहुत प्रातः ही वह अचेत हो गए। दो घंटे तक उनके समीप बैठकर उनकी पत्नी उन्हें चम्मच से थोड़ा-थोड़ा दूध उनके मुख में डालती रहीं। फिर मध्याह्न से पूर्व ही वह इस संसार से प्रयाण कर गए। उस समय उनके निकट ही उनकी पत्नी जानकी, माता कोमलताम्मल, पिता श्रीनिवास आयंगर (जो दृष्टिहीन हो चुके थे), दोनों भाई (लक्ष्मी नरसिंहा एवं तिरुनारायणन) और कुछ अन्य मित्र उपस्थित थे।

श्री रामचंद्र राव ने अपने दामाद श्री सी.एस. रामाराव तथा उनके बाल्यकाल के मित्र श्री राजगोपालाचारी की सहायता से उसी दिन अपराह्न में उनके पार्थिव शरीर के दाह-संस्कार का प्रबंध कर दिया। एक महान् विभूति की जीवन-लीला का इस प्रकार असमय ही अंत हो गया।

□

35
शोक संताप

रामानुजन की मृत्यु का समाचार मद्रास एवं शेष भारत के समाचार-पत्रों में प्रकाशित हुआ। उनके भाई लक्ष्मी नरसिंहा, जो संपर्क आदि करने में आगे रहते थे, (बाद में उनका भी अल्प आयु में ही निधन हो गया) ने उनके जीवन की तिथिवार कुछ घटनाओं को लिपिबद्ध किया। भारत में तथा संपूर्ण विश्व के गणित-जगत् में उनकी मृत्यु का शोक छा गया। शोक-सभाओं का आयोजन हुआ। कुछ समाचार-पत्रों में उनकी जीवनी छपी, जिसमें इस बात का विशेष उल्लेख रहा कि किस प्रकार एक अत्यंत निर्धन परिवार में जनमे, स्कूल की शिक्षा से भी वंचित एक नवयुवक ने बत्तीस वर्ष की आयु में गणित-जगत् में असाधारण नाम कमाया। इंग्लैंड जाकर वहाँ से बी.ए. पास ही नहीं किया, वरन रॉयल सोसाइटी के फेलोशिप से भी विभूषित हुए और मद्रास विश्वविद्यालय में गणित के प्राध्यापक पद पर नियुक्त हुए।

रामचंद्र राव ने लिखा—

> *"उसका नाम वह नाम है, जो भारत को यश देता है एवं जिसका जीवनवृत्त प्रचलित विदेशी शिक्षा-प्रणाली की कटुतम निंदा का द्योतक है। उसका नाम उस व्यक्ति के लिए एक ऐसा स्तंभ है, जो भारत के अतीत के बौद्धिक सामर्थ्य से अनभिज्ञ है।" जब दो महाद्वीप उनके खोजे गणित के नए सूत्र प्रकाशित कर रहे थे तब भी वह वही बालोचित, नितांत दयालु चेहरा और सरल व्यक्ति बना रहा, जिसको न ढंग की पोशाक पहनने का ध्यान था, न ही औपचारिकता की परवाह। इससे उनके कक्ष में मिलने आनेवाले आश्चर्य करते थे कि क्या यही वह है"। यदि मैं एक शब्द में रामानुजन को समाना चाहूँ तो कहूँगा 'भारतीयता'।"*

उनके जीवनीकार रॉबर्ट कैनिगेल ने लिखा है—"भारत आध्यात्मिक मूल्यों के वर्चस्व की भूमि रही है। रामानुजन ने अपनी अंतिम साँस तक कभी देवी-देवताओं से नाता नहीं तोड़ा। वह देवी नामगिरी का स्मरण करते रहे। उनका जीवन दक्षिण भारत के मूल्यों और आस्थाओं में रमा था। उन्होंने उन्हें पूर्ण रूप से अपने जीवन में अंगीकार किया था।"

प्रो. हार्डी, जिन्होंने कुछ ही दिन पूर्व रामानुजन के पत्र से उनकी मॉकथीटा फलन के शोध की बात जानी थी, उनकी मृत्यु का समाचार पाकर एकदम स्तब्ध रह गए। उन्होंने तब अंग्रेजों द्वारा दी जा रही भारतीय शिक्षा-प्रणाली पर आक्षेप करते हुए इसको "एक अकुशल एवं निर्मम शिक्षा प्रणाली का कटुतम उदाहरण" बताया। उन्होंने विश्व में विज्ञान जगत् की सर्वाधिक प्रसिद्ध पत्रिका 'नेचर' में उनकी संक्षिप्त 'ओबीचरी' (निधन समाचार, जीवनी एवं कार्य के उल्लेख के साथ) लिखी, जिसका विस्तृत संस्करण बाद में 'प्रोसीडिंग्स ऑफ द लंदन मैथेमेटिकल सोसाइटी' में छपा।

10 जून, 1920 को लंदन में हुई मैथेमेटिकल सोसाइटी के अधिवेशन में अध्यक्ष ने शोक-प्रस्ताव रखा और उनके कार्यों तथा जीवन पर अपने विचार व्यक्त किए।

प्रो. नेविल, जो भारत आकर रामानुजन को इंग्लैंड ले गए थे, ने बाद में, सन् 1941 में रामानुजन पर एक रेडियो निबंध लिखा। उनका वक्तव्य प्रसारित किया गया, परंतु किन्हीं कारणों से जो अंश प्रसार में सम्मिलित नहीं किए गए वे बड़े सारगर्भित हैं, जो इस प्रकार हैं—

> *"रामानुजन का जीवन-वृत्त, क्योंकि वह मात्र एक गणिज्ञ ही थे, भारत एवं इंग्लैंड के संबंधों के विकास के लिए महत्त्व रखता है। भारत ने महान् वैज्ञानिक पैदा किए हैं, परंतु बोस और रमण की शिक्षा भारत के बाहर हुई तथा कोई भी यह कहने में समर्थ नहीं है कि उन्हें कितनी प्रेरणा उन महान् प्रयोगशालाओं तथा वहाँ के प्रसिद्ध व्यक्तियों से तब मिली जब उनकी शिक्षा भारत के बाहर हुई और जब उनके संस्कारित वर्ष वहाँ व्यतीत हुए। भारत ने महान् कवि एवं दार्शनिक पैदा किए हैं, परंतु इनमें विदेशी संरक्षण के रंग का प्रभाव किसी-न-किसी अंश में झलकता है। केवल गणित में ही यह देखने को नहीं मिलता, अतः सब भारतीयों में रामानुजन ही प्रथम ऐसे थे, जिनको अंग्रेजों ने*

जन्मजात अपने महानतम पुरुषों के समकक्ष पाया। पश्चिम की यह आघात पहुँचानेवाली धारणा, जो अगणित मानवीय तर्कों और राजनीतिक आग्रहों के बाद भी जीवित है और जो अगणित सहयोग के प्रयासों को विषाक्त करती है कि गोरे लोग श्याम वर्ण के व्यक्तियों से श्रेष्ठ हैं, को रामानुजन के हाथ ने मृत्यु का झटका दिया है।''

□

36

मृत्यु के पश्चात् रामानुजन के परिवार की स्थिति

रामानुजन की मृत्यु से उनके परिवार पर मानो वज्रपात ही हुआ था। पिता पहले ही दृष्टिहीन हो चुके थे। कुछ समय पश्चात् वह बीमार पड़े और उसी वर्ष नवंबर में चल बसे। माता भी रामानुजन की मृत्यु के शोक को सहन नहीं कर पाई।

बीस वर्षीया पत्नी जानकीअम्मल में तथा रामानुजन के परिवार के अन्य सदस्यों में सौहार्द की कमी थी। रामानुजन की मृत्यु से दो दिन पूर्व उनकी माता तथा भाई चेतपुर (मद्रास) पहुँच गए थे। सास-ससुर के पास जानकी का जीवन-निर्वाह संभव नहीं था। अतः मृत्यु के ठीक बाद वह पहले अपनी माँ के साथ राजेंद्रम चली गईं और बाद में अपने भाई आर.एस. आयंगर के साथ बंबई में रहने लगीं। **मद्रास विश्वविद्यालय ने उन्हें 20 रुपए प्रति माह की पेंशन देनी आरंभ कर दी।**

29 अप्रैल को रामानुजन के भाई लक्ष्मी नरसिंहा ने प्रो. हार्डी को पत्र लिखा कि रामानुजन की पुस्तकें तथा लेख सभी उनकी पत्नी के अधिकार में हैं। उन्होंने प्रो. हार्डी को इस आशय के पत्र भी लिखे कि परिवार को किसी प्रकार की आर्थिक सहायता सरकार से पाने में वह सहायता करें। पर ऐसा संभव नहीं हुआ।

अगस्त 1927 में, सात वर्ष पश्चात्, कोमलता अम्मल ने घर के आर्थिक संकट से तंग आकर किसी के द्वारा प्रो. हार्डी को पुनः एक पत्र लिखवाया था। वह चाहती थीं कि प्रो. हार्डी अपने प्रभाव से लक्ष्मी नरसिंहा तथा तिरु नारायण को डाक विभाग में अच्छे पद पर नियुक्त करवा दें। प्रो. हार्डी ने इस विषय में उनकी बात पर विचार किया। हाँ, तिरु नारायण बाद में सहायक पोस्ट मास्टर बन गए थे। लक्ष्मी नरसिंहा की कम आयु में ही मृत्यु हो गई।

□

37
जानकीअम्मल

जानकीअम्मल

जानकी ने रामानुजन के अंतिम दिनों में उनकी सेवा-शुश्रूषा जी-जान से की थी। रामानुजन को अपनी मृत्यु के पश्चात् उनके भरण-पोषण की चिंता थी। वह यह भी जानते थे कि उनकी माँ तथा अन्य घरवालों के साथ उनकी पत्नी का निभाव संभव नहीं होगा। संभव है कि रामानुजन ने उनको अपनी मृत्यु से पूर्व कुछ निर्देश भी दिए हों, क्योंकि बाद में पुरानी बातों को याद करते हुए जानकीअम्मल ने यह कहा कि रामानुजन उससे कह गए थे कि 'मेरा गणित मेरे बाद तुम्हारे जीवन-यापन का साधन बनेगा।'

जानकी ने न तो कोई औपचारिक शिक्षा प्राप्त की थी, न अन्य किसी प्रकार का शिक्षण-प्रशिक्षण ही। अपने भाई के पास वह बंबई लगभग आठ वर्ष रहीं। वहाँ उन्होंने घर पर रहकर ही सिलाई सीखी तथा अंग्रेजी की कुछ शिक्षा ली। फिर वह भाई के पास से मद्रास लौट आईं। पहले एक वर्ष अपनी बहन के पास तथा बाद में एक परिचित परिवार के निकट रहकर उन्होंने हनुमंथारयण कोयल स्ट्रीट पर अलग रहना निश्चित किया। वहाँ उन्होंने सिलाई सिखाने तथा कपड़े सीने का कार्य आरंभ कर दिया। सरल जीवन के कारण उन्हें सिलाई तथा विश्वविद्यालय से मिल रही राशि से काम अच्छी तरह चल जाता था। उसमें से वह कुछ बचा भी लेती थीं।

रामानुजन की सेवा में बिताए समय के बारे में उन्होंने बाद में कुछ इस

प्रकार कहा—

> *"यह मेरा सौभाग्य ही था कि मैं उनको चावल, नींबू का रस तथा छाछ आदि नियम से समय-समय पर दे पाई। और जब कभी उन्हें दर्द हुआ तो गरम पानी से उनके पैरों और सीने की सेंकाई कर सकी। उस समय जिन दो बरतनों में मैं पानी गरम करती थी, वे अब भी उन दिनों की स्मृति के रूप में मेरे पास हैं।"*

सन् 1950 में उनके एक हितैषी श्री सुंदरावल्ली ने अपनी अचानक मृत्यु के ठीक पहले अपने सात वर्षीय पुत्र नारायणन का भार उनपर सौंप दिया था। जानकी-अम्मल ने दत्तक पुत्र नारायण का पालन-पोषण किया। शिक्षा के लिए उसे सन् 1952-1955 तक रामकृष्ण स्कूल के छात्रावास में भी भेजा। बाद में नारायणन ने विवेकानंद कॉलेज से बी.कॉम. की शिक्षा समाप्त करके स्टेट बैंक में कार्य करना आरंभ किया। सन् 1972 में जानकीअम्मल ने दत्तक पुत्र नारायणन का वैदेही से विधिवत् विवाह संपन्न कराया। नारायणन एवं वैदेही अपने एक बेटे और बेटियों सहित जानकीअम्मल के साथ ही रहते रहे। सन् 1988 में नारायणन ने वहाँ से स्थानांतरण अस्वीकार करके अवकाश प्राप्त कर लिया।

जानकीअम्मल बहुत ही धार्मिक एवं शुद्ध प्रवृत्ति की महिला थीं। जनसेवा में उन्हें विशेष रुचि थी। वह कई बच्चों को पढ़ाई के लिए धन दिया करती थीं। समाज में उन्हें बहुत आदर और सम्मान की दृष्टि से देखा जाता था। उन्हें इतना भाग्यवान् माना जाता था कि बहुत से अभिभावक उनके हाथों से अपने बच्चों को धन दिलाने को बड़ा शुभ मानते थे।

चौरानबे वर्ष की आयु में 13 अप्रैल, 1994 को उनकी मृत्यु हुई। मद्रास विश्वविद्यालय से उन्हें 20 रुपए प्रतिमाह की जो पेंशन मिलनी आरंभ हुई, वह बाद में सन् 1994 तक बढ़कर 500 रुपए प्रतिमाह हो गई थी। सन् 1962 में रामानुजन के पचहत्तरवें जन्म-दिवस पर भारत सरकार ने रामानुजन के चित्र का एक डाक टिकट जारी किया। तब से जानकीअम्मल को सरकार से भी सहायतार्थ और राशि मिलने लगी थी। मद्रास बंदरगाह के सौवें वर्ष पूरे होने के अवसर पर उन्हें सम्मानित किया गया था और तब से तमिलनाडु सरकार, आंध्र प्रदेश सरकार, बंगाल प्रदेश सरकार,

इंडियन नेशलन साइंस एकेडमी, रामानुजन मैथेमेटिकल सोसाइटी (जिसका गठन सन् 1985 में हुआ) एवं हिंदुजा फाउंडेशन भी उनको पेंशन की राशि देने लगे थे।

रामानुजन की स्मृति को बनाए रखने के लिए जानकीअम्मल हमेशा प्रयत्नशील रहीं। बाद के वर्षों में, रामानुजन के कारण उनको याद किया जाता है। सन् 1976 में जब रामानुजन की 'लॉस्ट बुक' जॉर्ज एंड्रूज द्वारा प्रकाश में आई तब जानकीअम्मल का एक वक्तव्य भारतीय समाचार-पत्र में छपा, जिसमें उन्होंने इस बात पर बहुत खेद व्यक्त किया था कि रामानुजन की कहीं कोई प्रतिमा नहीं है। यह वक्तव्य मिनिसोटा विश्वविद्यालय के प्रो. रिचर्ड एस्के ने पढ़ा और फिर बहुत से गणितज्ञों के अनुदान और सहयोग से मिनिसोटा निवासी विश्व-प्रसिद्ध मूर्तिकार श्री पॉल ग्रेनलुंड को रामानुजन की कांस्य प्रतिमा बनाने का कार्य सौंपा गया। पाल ग्रेनलुंड ने इस शर्त पर यह प्रतिमा बनाना स्वीकार किया कि उनकी कम-से-कम तीन प्रतियाँ खरीदी जाएँगी। कदाचित् प्रत्येक मूर्ति का मूल्य तीन हजार डॉलर निश्चित हुआ। बाद में उस प्रतिमा की मानक प्रति के बाद दस और प्रतियाँ बनीं। इनपर होनेवाले कुछ बड़े भागीदारों के अतिरिक्त छोटी राशियों (25 डॉलर) के रूप में जमा हुआ।

रामानुजन की कांस्य प्रतिमा

नोबेल पुरस्कार विजेता प्रो. एस. चंद्रशेखर ने ऐसी ही एक प्रतिमा 6 फरवरी, 1985 को 'इंडियन एकेडमी ऑफ साइंस' को भेंट की। उस समय से इन ग्यारह प्रतिमाओं में से पाँच प्रतिमाएँ भारत में, दो इंग्लैंड में तथा चार अमेरिका में स्थापित हैं। भारत में ये निम्नलिखित स्थानों पर स्थापित हैं—

1. वह प्रतिमा जो जानकीअम्मल को भेंट की गई, 14 हनुमंथरायण कोइल मार्ग, त्रिप्लिकेन, चेन्नई—जहाँ पर जानकीअम्मल ने अपने दिन बिताए।
2. इंडियन एकेडमी ऑफ साइंस, रमण रिसर्च इंस्टीट्यूट, बंगलौर।
3. रक्षा मंत्रालय, भारत सरकार, नई दिल्ली।
4. टाटा इंस्टीट्यूट ऑफ फंडामेंटल रिसर्च, मुंबई।
5. एस्ट्रोनॉमी एवं एस्ट्रोफिजिक्स का अंतर-विश्वविद्यालय केंद्र, पुणे।

रामानुजन की जन्म-शताब्दी तक उनका घर तीर्थ-स्थान बन गया था। प्रतिवर्ष उनके जन्मदिन पर गणितज्ञ तथा अन्य व्यक्ति चेन्नई जाकर वहाँ उन्हें अपने

श्रद्धा-सुमन अर्पित करते हैं। जन्म-शताब्दी के अवसर पर रामानुजन के जीवन पर ब्रिटिश टेलीविजन ने एक वृत्तचित्र भी बनाया, जो विश्व के विभिन्न देशों में टेलीविजन पर दिखाया गया। इसमें जानकीअम्मल से हुई वार्त्ता को भी सम्मिलित किया गया है।

जन्म-शताब्दी के अवसर पर जानकीअम्मल ने रामानुजन की स्मृति में एक ट्रस्ट बनाने का प्रस्ताव रखा, जिससे मेधावी छात्रों को शिक्षा के लिए पारितोषिक दिए जा सकें। फरवरी 1988 में ट्रिनिटी कॉलेज ने दो हजार पाउंड प्रतिवर्ष देने का निर्णय लिया। तभी उन्हें बीस हजार रुपए की एक थैली भी भेंट की गई थी। रामानुजन संग्रहालय की स्थापना भी की गई। इस अवसर पर उनकी 'लॉस्ट-बुक' का फेसिमाइल प्रकाशन हुआ। तत्कालीन प्रधानमंत्री श्री राजीव गांधी ने एक विशाल समारोह में उस पुस्तक की प्रथम प्रति जानकीअम्मल को भेंट की तथा दूसरी प्रो. एंड्रूज को, जिन्होंने उस लॉस्ट-बुक को खोजा था।

सन् 1987 में ही मद्रास विश्वविद्यालय के सहयोग से रामानुजन की एक प्रतिमा प्रसिद्ध मूर्तिकार श्री एन. मसिलमणि ने बनाई, जिसका अनावरण 26 मार्च, 1993 को मद्रास विश्वविद्यालय में हुआ।

□

38

गणित पर रामानुजन का कार्य

रामानुजन के कार्य का ब्योरा इस प्रकार से दिया जा सकता है—

★ इंग्लैंड जाने से पूर्व के कार्य,

★ इंग्लैंड में पाँच वर्ष रहकर किए गए कार्य,

★ भारत लौटकर एक वर्ष में किए गए कार्य,

★ सन् 1976 में अचानक प्रकाश में आए उनके कार्य और

★ कदाचित् अभी तक अप्राप्य उनके कार्य।

इंग्लैंड जाने से पूर्व के कार्य

सन् 1903 से 1914 तक, कैंब्रिज जाने से पूर्व तक, उनके द्वारा निकाले गए सूत्र तीन खंडों में हैं। ये उनकी तीन 'नोट-बुक्स' में संगृहीत हैं। पहली नोट-बुक में 16 अध्याय हैं और इसमें 134 पृष्ठ हैं। दूसरी नोट-बुक को पहली नोट-बुक का परिवर्धित रूप माना जा सकता है। इसमें 21 अध्याय तथा 254 पृष्ठ हैं। तीसरी नोट-बुक में 33 पृष्ठ हैं। इसमें कार्य को पहली दो के अनुसार संयोजित नहीं किया गया है। इनमें कुल मिलाकर 4000 से अधिक परिणाम अंकित हैं। परंतु प्रथम नोट-बुक के कुछ परिणाम किसी-न-किसी रूप में द्वितीय नोट-बुक में आए हैं। यदि इन दोहरे परिणामों को एक बार ही माना जाए तो एक गणना के अनुसार इन तीनों नोट-बुक्स में कुल मिलाकर 3,542 प्रमेय हैं। ये प्रमेय रामानुजन ने अंकित भर कर दिए हैं; इनकी उपपत्तियाँ उन्होंने नोट-बुक्स में नहीं दी हैं।

वह अपने पाँच शोध-लेख 'जर्नल ऑफ इंडियन मैथेमेटिकल सोसाइटी' में प्रकाशित करा चुके थे एवं पाँच अन्य सन् 1915 में इसी जर्नल में इंग्लैंड जाने के बाद प्रकाशित हुए।

रामानुजन के इन परिणामों को देखने से सभी को आश्चर्य होता है। इनमें

लंबी-लंबी राशियाँ तथा वर्गमूलों आदि के बड़े ही चौंका देनेवाले चिह्न हैं। उदाहरण के लिए रामानुजन के तीन सरलतम निष्कर्षों को देखिए—

$$1.\ 3=\sqrt{(1+2\sqrt{1+3\sqrt{1+4\sqrt{1+5\sqrt{1+......}}}}}$$

$$2.\left[32\left(\frac{146410001}{48400}\right)^3-6\left(\frac{146410001}{48400}\right)+\sqrt{\left(32\left(\frac{14610001}{48400}\right)^3-6\left(\frac{146410001}{48400}\right)\right)^2-1}\right]^{1/6}=100$$

$$3.\ (a+b+1)\left(\frac{a}{b}\right)^2+(a+b+3)\left[\frac{a(a+1)}{b(b+1)}\right]^2$$

$$+(a+b+5)\left[\frac{a(a+1)(a+2)}{b(b+1)(b+2)}\right]^2+...n\,term.=\frac{a^2-(a+n)^2u_n}{(b-a-1)},b\neq a+1$$

जहाँ $$u_n=\left[\frac{a(a+1)(a+2)...(a+n-1)}{b(b+1)(b+2)...(b+n-1}\right]$$

सबके मन में एक प्रश्न स्वत: उठता है कि रामानुजन ने उन्हें कैसे लिख दिया? यह भी प्रश्न उठता है कि उन्होंने उन परिणामों अथवा प्रमेयों को क्यों खोजा?

पहले प्रश्न से चकित सभी व्यक्ति इस बात से सहमत हैं कि रामानुजन असाधारण प्रतिभा के व्यक्ति थे और गणितीय सूत्रों में उनकी दृष्टि अपरिमेय थी। परंतु अन्य धारणाओं में अंतर है। यह प्रश्न स्वयं रामानुजन से भी कतिपय व्यक्तियों ने पूछा था। उनके द्वारा दिए उत्तर के आधार पर कई व्यक्तियों की ऐसी धारणा बन गई है कि वह नामगिरी देवी से उनको प्राप्त हुए। प्रो. हार्डी इस बात से सहमत नहीं हैं। उन्होंने रामानुजन की तुलना अन्य गणितज्ञों से एक विशेष प्रकार से की थी। उनका कहना था कि यदि 0 से 100 तक विभिन्न व्यक्तियों को प्रतिभा के आधार पर अंक दिए जाएँ तो 'वह स्वयं को 25, लिटिलवुड को 30, जर्मनी के गणितज्ञ डी. हिल्बर्ट को 80 तथा रामानुजन को 100 अंक देंगे। इसमें विशेष देखने की बात यह है कि उन्होंने रामानुजन को पूरे-के-पूरे अंक दिए। अत: वह रामानुजन में पूरे गणितज्ञ की छवि देखते हैं।

इलिनाय विश्वविद्यालय के गणित विभाग के प्रो. ब्रूस बर्नडट ने रामानुजन की तीनों नोट-बुक्स पर बीस वर्ष तक शोध कार्य किया है। उन्होंने सभी 3,542 परिणामों की विधिवत् उपपत्तियाँ भी दी हैं, जो पाँच खंडों में उपलब्ध हैं। इन पाँच

खंडों के अतिरिक्त ब्रूस बर्नडट ने रामानुजन के कार्य पर सौ से अधिक शोध-पत्र प्रकाशित किए हैं और कई अन्य शोधकर्ताओं के साथ सम्मिलित कार्य भी किया है। पहले वह भी किसी सीमा तक रामानुजन के कार्य में दैवी पक्ष मानते थे, परंतु बाद में उनकी धारणा बदली है। उनका कहना है—"बहुत से व्यक्ति रामानुजन की रहस्यवादी (अथवा अलौकिक) गणितीय विचार-शक्ति को बल देते हैं। यह ठीक नहीं है। उन्होंने बड़े ध्यान से प्रत्येक परिणाम को अपनी तीन नोट-बुक्स में अंकित किया है।"

सूत्रों की उपपत्तियाँ नोट-बुक्स में न रहने के बारे में वह कहते हैं—'कागज पर रामानुजन के लिए गणित का कार्य कर पाना संभव नहीं था। इसलिए वह स्लेट पर कार्य करते थे और परिणामों को नोट-बुक में, बिना उपपत्तियों के, लिख देते थे। ऐसा नहीं था कि उन्हें परिणाम किसी दैवी शक्ति से प्राप्त होते थे।"

रामानुजन के कार्य के मूल्य के बारे में एक और प्रश्न उठाया जा सकता है। उनका कार्य एकदम पुरातन तो नहीं है, जिसका आधुनिक अथवा प्रचलित गणित से कोई सरोकार ही न हो?

देखने में रामानुजन का कार्य अवश्य पुरातन लगता है, परंतु वह अपने समय से बहुत आगे थे। उनके द्वारा निकाले गए कितने ही परिणामों ने समय के साथ नए विषयों (थ्योरियों) की नींव डाली है, जिनमें 'एनालिटिक नंबर थ्योरी' विशेष है। उनके द्वारा प्राप्त नए परिणामों का प्रभाव केवल गणित में ही नए शोध पर नहीं हुआ, बल्कि अन्य क्षेत्रों, जैसे—भौतिकी, कंप्यूटर साइंस एवं सांख्यिकी (स्टेटिस्टिक्स) में भी हुआ है। बाद में उनके परिणामों का प्रयोग कैंसर रोग के निदान में भी हुआ। आज सूचना-संचार (Information Technology) तथा कूट-संवाद (क्रिप्टोलॉजी) में उनके निकाले सूत्रों के अच्छे प्रयोग हैं।

रामानुजन की सौवीं जन्मतिथि के अवसर पर संसार भर के गणितज्ञ इलिनाय विश्वविद्यालय, आरबाना-शैंपेन, यू.एस.ए. में 1 से 5 जून तक इकट्ठे हुए। वहाँ रामानुजन के कार्य को आधुनिक गणित के संदर्भ में रखने के प्रयास हुए। सबने नंबर थ्योरी एवं एनालिसिस के क्षेत्र में उनके योगदान की विशेष सराहना की। परंतु कुछ ऐसे क्षेत्रों का भी पता लगा जिनकी कल्पना पहले नहीं की गई थी। उदाहरण के लिए—

भौतिकी की 'स्ट्रिंगी थ्योरी'

कंप्यूटर साइंस के 'फास्ट अलगोरिथम।'

'पालो आल्ट्रो में सिंबोलिक्स, इन्क' के विलियम गोस्पर ने कुछ वर्ष पहले

एक नया कंप्यूटरी अलगोरिथम निकाला था, जिससे पाई के मान के 17.5 मिलियन अंक निकाले जा सकते हैं। परंतु उनके ही अनुसार उनके उत्कृष्ट विचार रामानुजन ने पहले ही खोज निकाले थे।

इस प्रश्न कि रामानुजन को इन परिणामों, जो उन्होंने निकाले, में क्यों रुचि हुई, का उत्तर अभी तक ठीक से देना किसी के लिए भी संभव नहीं हुआ है। अवश्य ही संख्याओं से उनकी अभिन्न मित्रता थी और उन्होंने अपने कुछ सूत्रों के प्रयोग से पाई के मान निकालने में भी रुचि दिखाई।

इंग्लैंड में पाँच वर्ष रहकर किया गया कार्य

रामानुजन अपनी तीनों नोट-बुक्स को इंग्लैंड साथ ले गए थे। उन्होंने इन्हें प्रो. हार्डी और अन्य व्यक्तियों को दिखाया तथा अध्ययन के लिए दिया था। परंतु अपने एक मित्र को लिखे उनके पत्र से यह पता लगता है कि वहाँ उन्हें अपनी उन नोट-बुक्स को देखने का समय नहीं मिला और उन्होंने उनका कोई उपयोग नहीं किया। अतः वहाँ का कार्य अपने आप में अलग है और वह वहाँ से प्रकाशित शोध-लेखों में अथवा प्रो. हार्डी, लिटिलवुड, वाटसन आदि द्वारा उनकी मृत्यु के बाद के विविध लेखों, व्याख्यानों तथा संकलित साहित्य में उपलब्ध है।

प्रकाशित बीस शोध-लेख उनके अपने हैं तथा सात प्रो. हार्डी के साथ हैं। इनकी एक सारणी इस पुस्तक के अंत में दी गई है।

उनके प्रकाशित सैंतीस शोध-लेखों को एक साथ अलग 'कलेक्टेड पेपर्स बाई श्रीनिवास रामानुजन' में छापा गया है, जिसका संपादन प्रो. जी.एच. हार्डी, प्रो. पी.वी. शेषु अय्यर तथा बी.एम. विल्सन ने किया है। इसका प्रकाशन पहले सन् 1927 में कैंब्रिज यूनिवर्सिटी प्रेस से तथा बाद में 1962 में पुनः चेल्सिया से हुआ।

प्रो. हार्डी, जिन्होंने रामानुजन को प्रश्रय देने का सराहनीय कार्य किया, ने बाद में अमेरिका तथा इंग्लैंड के विविध विश्वविद्यालयों एवं सोसाइटियों में रामानुजन के कार्य पर सन् 1936 में व्याख्यान दिए। इनके अतिरिक्त उन्होंने रामानुजन के कार्य पर प्रिंसटन विश्वविद्यालय (यू.एस.ए.) तथा कैंब्रिज विश्वविद्यालय में कोर्सेज भी दिए। उनके द्वारा दिए बारह व्याख्यानों का संकलन रामानुजन के कार्य पर शायद सबसे अधिक उद्धृत पुस्तक है। हार्डी की इस पुस्तक का नाम है 'रामानुजन : ट्वेल्व लैक्चर्स ऑन सब्जेक्ट्स सजेस्टेड बाई हिज लाइफ एंड वर्क', जो सन् 1940 में कैंब्रिज यूनिवर्सिटी प्रेस से प्रकाशित हुई थी।

इन बारह व्याख्यानों के शीर्षक हैं—

1. The Indian Mathematician Ramanujan
2. Ramanujan and the theory of prime numbers
3. Round numbers
4. Some more problems of the analytic theory of numbers
5. A lattice-point problem
6. Ramanujan's work on partitions
7. Hypergeometric series
8. Asymptotic theory of partitions
9. The representation of numbers as sum of squares
10. Ramanujan's function τ (n)
11. Definite integrals
12. Elliptic and modular functions.

भारत लौटकर एक वर्ष के बीच किए गए कार्य

भारत आकर रामानुजन बीमारी की अवस्था में भी शोध में सतत लगे रहते थे। चूँकि तब भी वह स्लेट का प्रयोग करते रहे, अत: प्रो. ब्रूस बर्नडट का ऊपर दिया गया यह तर्क कि आर्थिक रूप से समर्थ न होने के कारण स्लेट का प्रयोग करते थे, निरस्त्र हो जाता है। यहाँ आकर सीधा प्रकाश में आया कार्य मॉकथीटा फंक्शन का रहा, जो उन्होंने प्रो. हार्डी के पास भेजा था।

रामानुजन की खोई नोट-बुक

अचानक रामानुजन द्वारा किया कार्य, जो अज्ञात था, सन् 1976 में प्रकाश में आया। इसका श्रेय जॉर्ज एंड्रूज को जाता है। उन्होंने इस कार्य को 'लॉस्ट बुक ऑफ रामानुजन' का नाम दिया। इस कार्य का प्रकाश में आना एक अजीब संयोग ही है।

अप्रैल 1976 में जॉर्ज एंड्रूज, जो तब युवक ही थे, को एक सप्ताह की एक कॉन्फ्रेंस में विस्कोन्सिन से फ्रांस जाना था। उनके साथ उनकी पत्नी तथा दो बेटियों को भी जाना था। वह सस्ते हवाई टिकट की खोज में थे। उन्हें पता लगा कि यदि वह तीन सप्ताह के लिए जाएँगे तो हवाई यात्रा के टिकट का मूल्य एक सप्ताह के टिकट के मूल्य से काफी कम होगा। प्रश्न था कि दो सप्ताह का अतिरिक्त समय कैसे और कहाँ व्यतीत किया जाए। एक मित्र ने पहले उन्हें सुझाया था कि सन् 1965 में कैंब्रिज के प्रो. जी.एन. वाटसन की मृत्यु के पश्चात् उनके कुछ अप्रकाशित

एवं अधूरे लेख पड़े हैं, वह कभी उनको देखने पर विचार करें। बस, जॉर्ज एंड्रूज ने कैंब्रिज जाने का निश्चय कर लिया।

वाटसन, जिन्होंने रामानुजन के शोध-लेखों पर कार्य किया था, रॉयल सोसाइटी के फेलो थे। जब सन् 1965 में उनकी मृत्यु हुई तो सोसाइटी ने उनकी जीवनी लिखने का आग्रह जे.एम. ह्विटेकर से किया। ह्विटेकर ने वाटसन की पत्नी से उनके लेखों को देखने के लिए घर आने की अनुमति माँगी। वाटसन की पत्नी ने सहर्ष उन्हें दोपहर के भोजन पर बुलाया और बाद में वाटसन के अध्ययन-कक्ष में ले गईं।

वाटसन कभी कुछ फेंकते नहीं थे, चाहे वह कोई गणित का लेख हो, कोई पत्र किसी की रसीद या फिर आय-कर फॉर्म का पुराना ड्राफ्ट ही। वहाँ ह्विटेकर ने देखा कि फर्श पर बहुत से कागज बिखरे पड़े हैं, जिनकी मोटाई लगभग एक फुट की रही होगी। वास्तव में उनको जला देने के लिए ही वहाँ फेंक दिया गया था। ह्विटेकर को समझ में ही नहीं आया कि वह क्या देखें और क्या छोड़ें। खैर, भाग्य का खेल देखिए कि एक बार झुककर जो कागज उन्होंने उठाया तो वह 140 पृष्ठ की वह गड्डी थी, जो सन् 1923 में मद्रास विश्वविद्यालय के रजिस्ट्रार श्री ड्यूसबरी ने प्रो. हार्डी के पास भेजी थी। यह किसी प्रकार वाटसन के पास पहुँच गई थी। ह्विटेकर ने कागजों की वह गड्डी रॉबर्ट रैंकिन को दे दी। ह्विटेकर तथा रैंकिन—दोनों ही अच्छे गणितज्ञ थे, परंतु इन कागजों पर किया गया कार्य उनके क्षेत्र का नहीं था। अत: उसपर कुछ भी निर्णय लिये बिना ही रैंकिन ने सन् 1968 में वे कागज ट्रिनिटी कॉलेज को दे दिए और वह हस्तलिखित सामग्री ट्रिनिटी कॉलेज के 'रेन पुस्तकालय' में सिमटकर रह गई।

जॉर्ज एंड्रूज सन् 1976 में वहाँ पहुँचे तो उनपर उनकी दृष्टि पड़ी। उनके आश्चर्य का ठिकाना न रहा। उनके पी-एच.डी. थीसिस में किए गए मॉकथीटा फंक्शन पर कुछ सूत्र वहाँ पर थे। लिखावट से तथा ड्यूसबरी के पत्र से उन्होंने जान लिया कि यह रामानुजन का अपने अंतिम दिनों में किया गया कार्य है। उनका मन बाँसों उछलने लगा।

एंड्रूज तत्काल पुस्तकालय की सेवा-डेस्क पर पहुँचे और उस पांडुलिपि की फोटो-कॉपी करने की बात कही।

"हवाई डाक से इसे अमेरिका भेजने का व्यय 7 पाउंड पड़ेगा। क्या आपको यह स्वीकार है?"

"जी हाँ! मैं यह सब खर्च वहन करने के लिए तैयार हूँ।" एंड्रूज ने कहा।

एंड्रूज ने लिखा है कि वह इसको प्राप्त करने के लिए 7 पाउंड खर्च करने की बात तो दूर रही, अपना घर भी गिरवी रखने के लिए तैयार हो जाते। लगभग पचपन वर्ष पहले तैयार रामानुजन की यह धरोहर किसी प्रकार बची रहकर गणित-जगत् को मिली।

बाद में सन् 1984 में नरोसा पब्लिशिंग हाउस ने चेन्नई में जब अपनी शाखा आरंभ करने के अवसर पर टाटा इंस्टीट्यूट ऑफ फंडामेंटल रिसर्च द्वारा सन् 1957 में प्रकाशित 'नोट-बुक्स ऑफ श्रीनिवास रामानुजन' का पुनः मुद्रण किया, तब कुछ विशिष्ट गणितज्ञों ने यह आशा व्यक्त की कि रामानुजन की 'लॉस्ट बुक' का भी मुद्रण होना चाहिए। बात सन् 1987 तक टलती रही। उस वर्ष 22 दिसंबर को रामानुजन की जन्म-शताब्दी से पूर्व यह कार्य संपन्न करने के विचार से इस पर अगस्त में कार्य आरंभ हुआ। ट्रिनिटी कॉलेज के रेन पुस्तकालय ने तत्परता से मूल पांडुलिपि की फिल्म बनाकर भेजी। पेन्सिल्वेनिया स्टेट विश्वविद्यालय के प्रो. जॉर्ज एंड्रूज ने उसकी भूमिका लिखी। इसमें रामानुजन की कुछ अन्य अप्रकाशित सामग्री तथा पत्रों को सम्मिलित करके 'श्रीनिवास रामानुजन : द लॉस्ट बुक एंड अदर अनपब्लिश्ड पेपर्स' नाम से यह पुस्तक छपी। 9 इंच चौड़ाई और 12 इंच लंबाई के आकारवाली इस पुस्तक में कुल 419 पृष्ठ हैं। सम्मिलित सामग्री की तालिका इस प्रकार है—

★ Acknowledgement vii

★ Publisher's Note ix

★ Introduction xi-xxv

★ The Lost Note book 1-90

★ Letters from Srinivas Ramanujan to GH Hardy and some sheets from Lost Note book 91-132

★ Properties of p(n) and τ (n) 133-215

★ Loose Papers on Reciprocal Functions, Approximate Summations of Series Involving Prime Numbers and Forty Identities, etc. 217-243

★ Other Unpublished Papers 245-412

★ Obituary on Ramanujan from 'Nature', 1921 413-414

★ Letter of Francis Dewsbury to Hardy, of August 2, 1923 415-416

- ★ Letter of Francis Dewsbury to Hardy, of August 6, 1923 417
- ★ Notes on biographical sketch of Ramanujan 418
- ★ Letter of Francis Dewsbury to Hardy, of August 30, 1923 419

इस पुस्तक की विशेषता यह है कि इसमें पृष्ठ रामानुजन के हस्तलिखित, ज्यों-के-त्यों, ले लिये गए हैं। कई पृष्ठों पर आड़ी-तिरछी पंक्तियाँ हैं, कटे-फटे अंश हैं। इनसे रामानुजन के सोचने तथा काम करने की विधि का अनुमान लगाना संभव है। कई स्थानों पर रामानुजन के हस्ताक्षर हैं। कुछ पृष्ठों पर प्रो. हार्डी की हस्तलिखित टिप्पणियाँ हैं। अमेरिका के उन विश्वविद्यालयों के पुस्तकालयों में, जहाँ शोध कार्य होता है, इसकी प्रति मिल जाती है।

अभी तक अप्राप्य उनके कार्य

रामानुजन के शताब्दी समारोह के अवसर पर उनकी पत्नी से हुए साक्षात्कार से ऐसा पता चलता है कि उनके अंतिम दिनों में किया गया कुछ कार्य मद्रास विश्वविद्यालय के पास नहीं पहुँचा। ब्रूस बर्नडट के अनुसार, उनकी पत्नी ने ब्रूस को बताया कि जब रामानुजन की चिता जल रही थी तब रामानुजन के गणित के एक अध्यापक मद्रास विश्वविद्यालय से उनके घर आए और सब कागज बटोरकर ले गए। ब्रूस का कहना है कि 'रामानुजन की मृत्यु के पश्चात् कहीं अधिक पेपर्स थे, जो अभी तक हमारे पास नहीं पहुँचे हैं।' उन्हें शंका है कि अवश्य इनमें से कुछ पत्र कहीं मद्रास विश्वविद्यालय में धूल में लिपटे, अनदेखे पड़े हैं। परंतु पुस्तकालय के कर्मचारियों का कहना है कि जहाँ तक उनकी समझ है, रामानुजन की लिखी कोई सामग्री अब उनके पास नहीं है। बहुत संभव है कि किसी दिन किसी स्थान पर दैवयोग से प्रकाश में आ जाएँ। उनके कुछ काम के विलुप्त रहने की पूरी संभावना मानी जाती है। यदि विलुप्त अथवा अप्राप्य सामग्री का विचार छोड़ भी दें तो प्राप्य कार्य को समझाने और उसे विस्तार देने की असीम संभावनाएँ स्पष्ट रूप से मानी जाती हैं।

☐

39

विलुप्त रही नोट-बुक की झलक

सन् 1976 में अचानक प्रो. जॉर्ज एंड्रूज द्वारा खोज निकाली गई रामानुजन द्वारा लिखी सामग्री में 600 से अधिक सूत्र हैं। इनमें से अधिकतर सूत्र q-श्रेणी और संबंधित थीटा-फंक्शन तथा 'फॉल्स थीटा-फंक्शन' पर हैं। कुछ परिणाम स्वयं उनके निकाले 'मॉकथीटा फंक्शन' पर हैं। यहाँ केवल वे चार तादात्म्य दिए जा रहे हैं, जिन्हें प्रो. एंड्रूज ने 'लॉस्ट-बुक' के प्राक्कथन में विशेष रूप से चुना है।

1. $$1+\sum_{n=1}^{\infty}\frac{q^j}{\prod_{j=1}^{n}(1+aq^j)\left(1+\frac{q^j}{a}\right)}=(1+a)\sum_{n=0}^{\infty}a^{3n}q^{\frac{1}{2}n(3n+1)}(1-a^2q^{2n+1})-a\frac{\sum_{n=0}^{\infty}(-1)^n a^{2n}q^{n(n+1)/2}}{\prod_{j=1}^{\infty}(1+aq^j)\left(1+\frac{q^j}{a}\right)}$$

2. $$\sum_{n=0}^{\infty}\frac{q^n}{(1+q)(1+q^3)\dots(1+q^{2n+1})}=\sum_{n=0}^{\infty}(-1)^{(n)}q^{6n^2+4n}(1+q^{4n+2})$$

3. $$\left[\cfrac{1}{1+\cfrac{q}{1+\cfrac{q^2}{1+\cfrac{q^3}{1+\cfrac{q^4}{1+\dots}}}}}\right]^3=\frac{\sum_{n=0}^{\infty}q^{5n^2+4n}\frac{1+q^{5n+2}}{1-q^{5n+2}}-\sum_{n=0}^{\infty}q^{5n^2+6n+1}\frac{1+q^{5n+3}}{1-q^{5n+3}}}{\sum_{n=0}^{\infty}q^{5n^2+2n}\frac{1+q^{5n+1}}{1-q^{5n+1}}-\sum_{n=0}^{\infty}q^{5n^2+8n+3}\frac{1+q^{5n+4}}{1-q^{5n+4}}}$$

4. $$\frac{G(aq,\lambda q)}{G(a,\lambda)} = \cfrac{1}{1+\cfrac{aq+\lambda q}{1+\cfrac{bq+\lambda q^2}{1+\cfrac{aq^2+\lambda q^3}{1+\cfrac{bq^2+\lambda q^4}{1+\ldots}}}}},$$

जहाँ

$$G(a,\lambda) - G(a,\lambda;b;q) = 1+\sum_{n=1}^{\infty}\frac{q^{n(n+1)/2}(a+\lambda)(a+\lambda q)\ldots.(a+\lambda q^{n-1})}{(1-q)(1-q^2)\ldots(1-q^n)(1+bq)(1+bq^2)\ldots(1+bq^n)}$$

□

40

रामानुजन के गणित-कार्य की एक झलक

रामानुजन का गणित-कार्य करने का अपना अलग और निराला तरीका था। उनका मस्तिष्क एक विशेष प्रकार से कार्य करता था, जिसे न वह समझा पाए और न कोई दूसरा उसे पूरी तरह समझ पाया। भारतीय परंपरा में इसके लिए कदाचित् उनको 'आशु गणितज्ञ' कहना उचित है। अपने अल्प जीवन तथा विषम परिस्थितियों में भी सौभाग्य से उन्होंने अपने कार्य को नोट-बुक्स में लिपिबद्ध किया। इनमें छिपी खान को अब भी गणितज्ञ खोदकर नए-नए अमूल्य रत्न निकाल रहे हैं।

पिछले पृष्ठों में एक-दो स्थानों पर उनके आशु कृतित्व की कुछ झलक दी गई है। जहाँ तक प्रकाशित कार्य का प्रश्न है, वह बड़ा विशद है और सरलता से साधारण पाठक को समझ में आनेवाला नहीं है।

आगे के पृष्ठों में रामानुजन के गणित की झलक भर दी जा रही है। उसे समझाने अथवा किसी व्यवस्थित रूप में रखने का प्रयत्न नहीं किया गया है। हिंदी में उसे प्रस्तुत करना दुष्कर भी है। सामग्री कई अलग-अलग शीर्षकों में प्रस्तुत की जा रही है।

शून्य पर उनके आरंभिक प्रश्न

गणित में रामानुजन के सोचने की शक्ति बड़ी निराली, विचित्र एवं तीव्र गतिवाली थी। स्कूल के आरंभिक वर्षों से ही उन्होंने इसके प्रमाण देने आरंभ कर दिए थे।

यह सर्वविदित तथ्य है कि विचार-शक्ति में प्रश्नों का अद्‍भुत महत्त्व है। एक सृजनशील मस्तिष्क प्रत्येक स्थान पर प्रश्न पूछ सकता है और पूछता है। ये प्रश्न जितने कठिन होते हैं, उनके उत्तर से प्राप्त खोज उतनी ही महत्त्वपूर्ण होती है।

हम पहले रामानुजन के शून्य से संबंधित प्रश्न को लेते हैं। यह तो सभी

जानते हैं कि गणित ही नहीं, समस्त विज्ञान-जगत् में दशमलव अंकों की खोज और उसमें भी शून्य की अद्‌भुत खोज आज भी आश्चर्यचकित कर देती है।

संख्याओं को स्थान-मूल्य (place-value) रूप में लिखना तो चमत्कारक खोज माना जाता है। इसका श्रेय भारतीय मनीषियों को जाता है।

संक्षेप में शून्य को ही लें तो 'अथर्ववेद' के पंचम कांड, चतुर्थ-अनुवाक, सोलहवें सूक्त में 1 (एक) से 11 (एकादश) तक पूर्णांकों के वे ही नाम अंकित हैं, जो आज प्रचलित हैं। एकादश पर यह सूक्त समाप्त करके और उसे 'एक-दश' कहकर यहाँ 10 के आधार (base) को भी सुनिश्चित कर दिया गया है। 9 को अधिकतम अंक मानना भी वेदों में अन्य संदर्भों से स्पष्ट है। परंतु शून्य के स्थान एवं प्रयोग की बात यहाँ अधूरी ही रह जाती है।

गणित के इतिहास पर हम दृष्टि डालें तो पाते हैं कि सन् 650 के पश्चात् शून्य का स्पष्ट प्रयोग भारतीय गणित में मिलना स्वीकार किया जाता है। सन् 500 के लगभग आर्यभट न संख्याओं को स्थान-मूल्य रूप में लिखा और अक्षर 'ख' का प्रयोग शून्य के लिए किया। यह कालांतर में '0' में परिवर्तित हुआ। हाँ, ग्वालियर में सन् 876 के शिलालेख में स्पष्ट रूप से शून्य के लिए '0' का समुचित प्रयोग हुआ है।

परंतु शून्य से संबंधित बात यहीं समाप्त नहीं हो जाती। प्रश्न उसकी अन्य संख्याओं तथा स्वयं से योग, घटाने, गुणा एवं भाग देने पर प्राप्त फल का बना रहता है। ब्रह्मगुप्त, महावीर एवं भास्कर ने संख्याओं के संबंध अर्थात् योग, घटाने, गुणा और भाग करने में शून्य का स्थान बताने के लिए नियम दिए।

ब्रह्मगुप्त ने योग के बारे में कहा है—'एक ऋण संख्या और शून्य का योग, ऋण संख्या; एक धन संख्या और शून्य का योग, धन संख्या; तथा शून्य का शून्य से योग शून्य होता है।'

अंतर के बारे में उन्होंने लिखा है—'एक ऋण संख्या को शून्य में से घटाएँ तो फल धन संख्या; शून्य को ऋण संख्या में से घटाएँ तो फल ऋण संख्या; शून्य को धन संख्या से घटाएँ तो फल धन संख्या और शून्य को शून्य से घटाने पर फल शून्य रहता है।'

गुणा और भाग के बारे में उनका कहना था—'शून्य से किसी संख्या को गुणा करने पर फल शून्य रहता है। धन या ऋण संख्या को यदि शून्य से भाग दें तो फल एक भिन्न (fraction) होती है, जिसका भाजक (denominator) शून्य होता है और यदि शून्य को किसी धन या ऋण संख्या से भाग दें तो फल शून्य या वह

भिन्न होती है, जिसका भाज्य (numerator) शून्य हो; शून्य को शून्य से भाग दें तो फल शून्य होगा।' यहाँ पर ब्रह्मगुप्त निश्चित रूप से एक वैचारिक संघर्ष में फँसे लगते हैं। वह लगभग उस विचार पर पहुँच गए हैं, जहाँ अनिश्चित संख्याओं (Indeterminate quantities) का उदय कई सदियों के बाद हुआ।

आगे चलकर महावीर ने 'गणित-सार संग्रह' में ब्रह्मगुप्त के विचारों को दोहराते हुए शून्य के योग घटाने तथा गुणा के नियम तो ठीक से बताए, परंतु शून्य से भाग देने के बारे में वह ब्रह्मगुप्त की अनिश्चितता को दूर करने के प्रयास में तब एक बड़ी गलती कर गए, जब उन्होंने कह दिया, 'एक संख्या शून्य से भाग देने पर बदलती नहीं है।'

वास्तव में शून्य से भाग देने पर फल क्या होगा, इसको अन्य संख्याओं से भाग देने के फल के सिद्धांत से अलग देखना आवश्यक है। यही प्रश्न रामानुजन ने कक्षा में विभाजन सिखाते अपने अध्यापक से पूछा था, जिसका उल्लेख पहले अध्याय में हो चुका है।

ऑयलर के सूत्र को स्वयं निकालना

रामानुजन ने लगभग सात वर्ष की आयु में कुंभकोणम हाई स्कूल में प्रवेश किया। शैशवावस्था से ही वह गणित में चकित करनेवाले कार्य करने लगे थे। हाई स्कूल में त्रिकोणमिति से अवगत होने के तुरंत बाद ही रामानुजन ने एक बड़ा दूभर सूत्र—

$$e^{i\theta} = cos\theta + isin\ \theta$$

निकाल लिया था। बाद में उन्हें जब यह पता लगा कि यह सूत्र लगभग दो सौ वर्ष पहले विश्व के एक शीर्षस्थ गणितज्ञ ऑयलर ने निकाला था तो उन्हें बहुत ठेस पहुँची थी। उन्होंने वह कागज, जिसपर यह सूत्र और उससे संबंधित कार्य लिखा था, दुःखी होकर घर की छत पर पड़े छप्पर में छिपा दिया था, ताकि उसपर उनकी दृष्टि भी न पड़े।

यहाँ यह भी कदाचित् बता देना उचित होगा कि ऑयलर द्वारा निकाला गया यह सूत्र कई प्रकार से गणित-जगत् में अद्भुत स्थान रखता है। यदि θ को π मान दें तो इस सूत्र से मिलेगा—

$$e^{i\pi} = -1$$

इन चार बहुत ही महत्त्वपूर्ण संख्याओं e, i, π, 1 में एक अनोखा और चमत्कारक संबंध है, जो समीकरण (equality) से जुड़ा है। गणित के विद्यार्थी जानते

हैं कि तीनों पहली संख्याएँ e, i, π विचित्र रूप से गणित में आती हैं और e तथा π के मान करोड़ों दशमलव स्थानों तक निकालने के प्रयत्न आज भी चल रहे हैं।

टैक्सी के नंबर की विशेषता

'टैक्सी-कैब' की प्रसिद्ध घटना का उल्लेख इस पुस्तक में पहले किया जा चुका है। उन्होंने साधारण से लगनेवाले नंबर 1729 के निम्नलिखित गुण—

$$1729 = 12^3 + 1^3 = 10^3 + 9^3$$

को देखकर कहा था कि यह वह सबसे छोटी संख्या है, जिसको दो भिन्न रूपों में दो संख्याओं के घन के योग में प्रस्तुत किया जा सकता है। इस बात ने संख्या विशेषज्ञ ('नंबर थ्योरिस्ट') प्रो. हार्डी तक को चौंका दिया था।

बात यहीं पर समाप्त नहीं हुई थी। हार्डी द्वारा यह पूछने पर कि वह सबसे छोटी संख्या क्या है, जिसको दो भिन्न प्रकार से 4 घात की दो विभिन्न संख्याओं के योग से प्रस्तुत किया जा सके, तो उन्होंने उत्तर दिया था कि वह संख्या बहुत बड़ी होनी चाहिए। वास्तव में वह संख्या 635318657 है—

$$635318657 = 158^4 + 59^4 = 134^4 + 133^4$$

जिसको ऑयलर ने खोजा था।

रामानुजन की टैक्सी-कैब समस्या का प्रयोग बाद में जे.एच. सिल्वरमैन ने 'इलिप्टिक कर्व्स' का अभिप्राय समझाने में किया है। टैक्सी-कैब का यह उद्धरण गणितज्ञों को इतना आकर्षक लगा कि इसपर ही कई शोध-लेख प्रकाशित हुए हैं।

गणित-जगत् में बड़ी ही रुचि के साथ पढ़ी जानेवाली पत्रिका 'अमेरिकन मैथेमेटिकल मंथली' के दिसंबर 1997 के अंक में पेंसिल्वेनिया स्टेट विश्वविद्यालय के गणित के प्रो. केन ओने का लेख 'रामानुजन, टैक्सी-कैब्स, बर्थडेट्स, जिप कोड्स एंड ट्वीस्ट्स' छपा है। इसमें संख्या 1729 तथा उसके अंकों 1, 2, 7, 9 के अन्य क्रमों पर रामानुजन और उनके निकट के व्यक्तियों के जीवन पर विचार किया गया है। उन्होंने पाया कि इन अंकों का प्रो. ब्रूस बर्नडेट के जीवन से विशेष संबंध है। जैसे उनकी छोटी पुत्री का जन्म सन् 1972 में हुआ। अरबाना में उनके घर का जिप कोड (पिन) 61802-7219 है।

एक विशेष अंक (Diaphantine) समीकरण

रामानुजन कई प्रकार से अंकों तथा उनके समीकरणों पर गहराई से विचार करते रहते थे। एक विशेष वर्ग-समीकरण को देखिए।

$2^n = x^2 + 7$

इसका लघुतम अंकों में हल है—$x = 1$, $n = 3$, क्योंकि $2^3 = 1^2 + 7$ तथा इसके बादवाला हल है—$x = 3$, $n = 4$, क्योंकि $2^4 = 3^2 + 7$।

रामानुजन का कथन है कि इस समीकरण के केवल तीन ही और हल हैं। दूसरे शब्दों में—इस समीकरण के केवल पाँच ही हल हैं, जो x तथा n के अंक मान से सही उतरते हैं। उनके द्वारा बताए x तथा n का यह मान निम्नलिखित है।

$x = 1, 3, 5, 11$ तथा 181, जिससे अनुसार $n = 3, 4, 5, 7$ एवं 15

उन्होंने अपने कथन की किसी प्रकार की उपपत्ति नहीं दी, केवल लिख भर दिया। इस समस्या के बारे में कई गणितज्ञ सोचते रहे, मगर उन्हें इस कथन की सत्यता पर संदेह बना रहा। उन्होंने पाँच हल निकाले, परंतु यह कैसे लिख दिया कि केवल पाँच ही हैं।

कई वर्षों के बाद सन् 1948 में (त्यरग्वे नागेल) (Tyrgve Nagell) ने सिद्ध किया कि रामानुजन का कथन सत्य है।

अंक (Diaphantine) समीकरणों के हल और विस्तारित रूप

रामानुजन को बड़ी संख्याओं से इतना स्नेह था कि वह कई प्रकार से उनसे क्रीड़ा करते रहते थे। वह उन्हें किन्हीं सूत्रों के माध्यम से जोड़ना चाहते थे। ऊपर की समस्या के समान उन्होंने एक विशेष समीकरण $x^3 + y^3 + z^3 = 1$, पर विचार किया। इस अंक समीकरण (diaphantine equation) के कुछ हल रामानुजन ने दिए, जो इस प्रकार हैं—

$(-6)^3 + (-8)^3 + 9^3 = 1$, $9^3 + 10^3 + (-12)^3 = 1$,

$(-791)^3 + (-812)^3 + 1010^3 = 1$,

$11161^3 + 11468^3 + (-14258)^3 = 1$,

$65001^3 + 67402^3 + (-83802)^3 = 1$,

पाइथागोरस पूर्णांकों (जो दो अंकों के वर्गों का योग हो) से आरंभ होकर रामानुजन के समय तक यह बात सब जानते थे कि किसी भी एक पूर्णांक को अधिकतम चार पूर्णांकों के वर्ग के योग में प्रस्तुत किया जा सकता है, अर्थात् यदि n एक पूर्णांक है तो

$n = x^2 + y^2 + z^2 + u^2$, जहाँ $x, y, z, u = 0,1,2...$ आदि में से अंक होंगे।

रामानुजन ने इसके इस अंक-समीकरण के कई अति विस्तारित रूपों

(Generalizations) को सोचा। उनके द्वारा दिए तीन विस्तारित रूपों को संक्षेप में यहाँ दिया जा रहा है—

1. वह यह जानना चाहते थे कि किन धनात्मक पूर्णांकों *a, b, c, d* के लिए एक पूर्णांक को विभिन्न प्रकार से $ax^2 + by^2 + cz^2 + du^2$ के रूप में प्रस्तुत किया जा सकता है। उन्होंने दिखाया कि ऐसा *a,b,c,d* के अधिक-से-अधिक 55 विभिन्न मानों के लिए ही संभव है। उदाहरण के लिए, यदि $n = 1007$ है, तो इसे 52 प्रकार से ही
$1007 = 31^2 + 6^2 + 3^2 + 1^2$, $1007 = 1^2 + 9^2 + 5^2 + 4.15^2$,
$1007 = 3^2 + 2.2^2 + 5.6^2 + 10.9^2$,
आदि रूपों में रखा जा सकता है।
2. पद $x^2 + y^2 + z^2 + du^2$ में d के किन मानों के लिए, कुछ पूर्णांकों को छोड़कर बाकी सभी प्रदर्शित किया जा सकता है। उन्होंने सिद्ध किया कि ऐसा निम्नलिखित दो दशाओं में संभव है—
   - क. इसका रूप $4k + 2, 4k + 3, 8k + 5, 16k + 12$, अथवा $32k + 20$ का हो
   - ख. यह पूर्णांकों 1, 4, 9, 17, 25, 36, 68, 100 में से ही एक हो। उदाहरण के लिए—$x^2 + y^2 + z^2 + 25u^2$ से 7, 15 और 23 को छोड़कर सभी पूर्णांकों को प्रदर्शित करना संभव है।
2. पद $2(x^2 + y^2 + z^2) + du^2$ में d के किन मानों के लिए कुछ पूर्णांकों को छोड़कर बाकी सभी को प्रदर्शित किया जा सकता है। उन्होंने सिद्ध किया कि ऐसा केवल तभी संभव है, जब d विषम संख्या हो। अतः 1, 3, 5, 7, 9, 14, 25, 30, 41, 57, 67, 73, 89 को छोड़ सभी पूर्णांक $2(x^2 + y^2 + z^2) + du^2$ के रूप में प्रदर्शित किए जा सकते हैं।

रामानुजन ने अपने जीवनकाल में जो शोधपत्र तैयार किए वे लगभग 400 पृष्ठों में हैं। उन्होंने ऐसे भी बहुत से सूत्र स्वयं निकाले, जो पहले से ज्ञात थे। प्रो. ब्रूस-बर्नडेट के अनुसार उनके सभी कार्यों का लगभग एक-तिहाई भाग पहले ज्ञात बनता है। इससे उनके काम की महत्ता किसी प्रकार कम नहीं होती बल्कि बढ़ती ही है, क्योंकि यह कोई सोच भी नहीं सकता कि उन्होंने पहले देखकर उन्हें लिख दिया है, बल्कि उनकी उच्च शिक्षा की कमी को इसका कारण माना जा सकता है। प्रो. हार्डी ने तो यहाँ तक लिखा है—'यह अपने आप में बड़ी उपलब्धि है कि इस व्यक्ति ने वे सूत्र भी खोज निकाले, जो उससे पहले महान् गणितज्ञों लिजांड्र, गाउस

और डिरिच्लेट ने खोजे थे। साथ ही रामानुजन ने उनसे कहीं आगे के वे सूत्र भी खोजे, जो बहुत ही गहराई में छिपे थे।' इसका एक उदाहरण प्रो. हार्डी ने रामानुजन के इस सूत्र को माना है—

दो संख्याओं A तथा x के बीच वे संख्याएँ, जो स्वयं वर्ग हैं अथवा दो वर्ग संख्याओं का योग हैं, की कुल संख्या निम्न सूत्र से प्राप्त की जा सकती है—

$K\int_A^x \frac{dt}{\sqrt{\log t)}} + \theta(x)$, जहाँ k = .764...और $\theta(x)$ पहले इंटीग्रल की तुलना में बहुत छोटा है।

यह सूत्र 1908 में लैंडाऊ के सूत्र $\frac{Kx}{\sqrt{(\log t)}}$ से काफी अलग है।

रामानुजन के इस सूत्र को देखकर प्रो. हार्डी को यह भी आश्चर्य हुआ कि यह रामानुजन को किस प्रकार सूझा।

इसी प्रकार उनकी यह खोज कि कोई पूर्णांक n, 3 वर्ग पूर्णांकों का योग होता है, यदि उसका रूप $4^a\ (4k+7)$ न हो। यह निष्कर्ष भी पहले ऑयलर को ज्ञात था।

अब उनके द्वारा निकाला एक अन्य निष्कर्ष देखिए, जो उन्होंने अपने प्रोसीडिंग्स ऑफ कैंब्रिज फिलोसॉफिकल सोसाइटी में सन् 1916 में प्रकाशित अपने एक शोध-लेख में दिया है—

सम संख्याएँ, जिनका रूप $x^2 + y^2 + 10z^2$ है, का सूत्र रूप $4^\lambda\ (16b+6)$ है, जबकि विषम संख्याएँ उस प्रकार की नहीं हैं। उदाहरण के लिए, ऐसा नहीं लगता कि 3, 7, 21, 31, 43, 67, 69, 87, 133, 217, 219, 223,...आदि किसी साधारण सूत्र से बँधी हैं।

प्राइम-नंबर प्रमेय

एनालिटिकल नंबर थ्योरी में संख्याओं के गुणों का विशेष अध्ययन गणित में बहुत काल से होता आया है। इसमें एक मूलभूत प्रश्न एक समय उठाया गया था। प्रश्न था—ऐसे सूत्र की खोज, जो किसी भी पूर्णांक से पूर्व रूढ़ संख्याओं (prime numbers) की संख्या बतला सके। इसे रूढ़ संख्याओं के वितरण (distribution of prime numbers) की समस्या की संज्ञा दी जाती है। लगभग सौ वर्ष तक विविध गणितज्ञों ने इसका हल निकालने के प्रयास किए, मगर कुछ सफलता नहीं मिली। सन् 1896 में हडामार्ड (Hadamard) एवं दे ला वाले-पूसें (de la Valle-Poussin) ने सिद्ध किया कि किसी बड़ी संख्या x से कम रूढ़ संख्याएँ लगभग

$\pi(x) = \frac{x}{\log x}$ होती हैं। इस साध्य को 'प्राइम नंबर थ्योरम' नाम से जाना जाता है। प्रो. हार्डी के अनुसार, आश्चर्य की बात है कि रामानुजन ने इस साध्य को किसी प्रकार स्वतंत्र रूप से जान लिया था।

अति यौगिक संख्याएँ (Highly Composite Numbers)

इस विषय पर कैंब्रिज जाने से पूर्व रामानुजन का एक महत्त्वपूर्ण शोध-लेख छपा था। इसको समझने से पूर्व हमें कुछ परिभाषाएँ देनी होंगी। आरंभ प्राकृतिक पूर्णांक 1, 2, 3,... आदि से करते हैं। प्राकृतिक पूर्णांक दो प्रकार के होते हैं—रूढ़ तथा यौगिक। रूढ़ पूर्णांक, जैसे 13 के केवल दो ही विभाजक पूर्णांक हैं—1 अथवा स्वयं 13। यौगिक संख्या जैसे 15, के विभाजक दो से अधिक पूर्णांक होते हैं, जैसे 15 की विभाजक पूर्णांक 1, 3, 5 एवं 15 हैं।

अंकगणित की आधारभूत प्रमेय (Fundamental theorem of Arithmetic) के अनुसार, किसी भी पूर्णांक को रूढ़ संख्याओं की घात की गुणाओं के रूप में एक निश्चित प्रकार से रखा जा सकता है।

जैसे 360 = 2.2.2.3.3.5 अथवा = $2^3 . 3^2 . 5$।

साथ ही यदि एक संख्या $N = 2^a . 3^b . 5^c ...p^l$

हो तो थोड़ा सा विचार करने पर हम पाएँगे कि इसकी कुल विभाजक संख्याएँ $(a+1)(b+1)(c+1)... (l+1)$ होंगी।

जैसे—360 की विभिन्न कुल 24 विभाजक संख्याएँ हैं—1, 2, 4, 8, 3, 6, 12, 24, 9, 18, 36, 72, 5, 10, 20, 40, 15, 45, 30, 60, 120, 10, 180 और 360।

रामानुजन ने उस संख्या n को 'अति यौगिक संख्या' कहा, जिसकी कुल विभाजक संख्याओं की गणना n से कम सभी संख्याओं के विभाजकों से अधिक है। उदाहरण के लिए, 6 अति यौगिक संख्या है, जिसकी विभाजक संख्याएँ 1, 2, 3, 6 गणना में 4 हैं; जबकि 6 से कम संख्याओं 1, 2, 3, 4, 5 के विभाजक 4 से कम ही हैं। एक अन्य उदाहरण लें तो 2,000 अति यौगिक नहीं है, क्योंकि इन विभाजकों की कुल गणना 20 है, जबकि इससे छोटी संख्या 360 के विभाजक 24 हैं।

रामानुजन ने इस प्रकार के अति-यौगिक संख्याओं के बारे में दो निष्कर्ष निकाले और सिद्ध किए—

पहला निष्कर्ष—यदि $n = 2^a.3^b.5^c...p^1$ अति—यौगिक है तो

$a \geq b \geq c \geq ... \geq l \geq 1$

और यदि n काफी बड़ा है तो $a > b > c > ... > l > 1$, अर्थात् सभी स्थानों पर निश्चित असमानताएँ ही हैं।

दूसरा निष्कर्ष—घातें $a, b, c, ..., l$ एक लगातार घटनेवाली संख्याओं की शृंखला बनाकर पुनः समान अंकों की शृंखलाओं में तथा अंत में अंक 1 में समाप्त होती हैं। उदाहरण के लिए—

$N = 674632838800 = 2^6 3^4 5^2 7^2.11.13.17.19.23$

इस प्रकार की 100 संख्याओं को रामानुजन ने अपनी 'नोट-बुक' में अंकित किया है। संभव है कि रामानुजन को इन संख्याओं में किसी प्रकार की नियमितता होने का आभास रहा हो, परंतु रूढ़ संख्याओं की भाँति ही किसी प्रकार की नियमितता न मिली हो।

पूर्णांकों की विभक्तियों (Partitions) पर कार्य

एक अन्य क्षेत्र, जिसपर रामानुजन ने प्रो. हार्डी के साथ काफी कार्य किया, विभक्तियों (Partitions) का है। किसी पूर्णांक को कितनी प्रकार से विभिन्न संख्याओं के योग में प्रदर्शित किया जा सकता है, वह उसकी विभक्तियाँ कहलाती हैं। उदाहरण के लिए—

4 = 1 + 1 + 1 + 1, 1 + 1 + 2, 1 + 3, 2 + 2, 4

5 = 1 + 1 + 1 + 1 +1, 1 + 1 + 1 + 2, 1 + 2 + 2, 1 + 1 + 3, 2 + 3, 1 + 4, 5

अतः 4 की विभक्तियाँ—p(4) = 5,

तथा 5 की विभक्तियाँ—p(5) = 7

किसी संख्या n के लिए निश्चित विभक्तियाँ होती हैं और वे संख्या का मान बढ़ाने के साथ तेजी से बढ़ती हैं। इनको हम $p(n)$ से प्रदर्शित करते हैं। यहाँ यह बता देना कदाचित् अच्छा रहेगा कि $p(n)$ पर प्रसिद्ध गणितज्ञ ऑयलर (1707-1783) ने कार्य आरंभ किया था।

पाठक कदाचित् कुछ आरंभिक संख्याओं की विभक्तियों के फल जानने के लिए उत्सुक हों। वे इस प्रकार हैं—

p(4) = 5, p(5) = 7, p(20) = 629, p(24) = 1575, p(49) = 173525, p(100) = 19,05,69,292, p(300) = 30,82,93,67,23,605

ऑयलर तथा उनके बाद के लगभग एक सौ पचास वर्षों में *p(n)* पर बहुत से सूत्र, विशेष रूप से परिआवर्तित-सूत्र (Recurrence formulae) निकाले गए थे। इनको प्राप्त करने में बीजगणित का प्रयोग हुआ था। रामानुजन एवं हार्डी पहले ऐसे गणितज्ञ थे, जिन्होंने इस क्षेत्र में 'कॉम्प्लेक्स एनालिसिस' का प्रयोग किया और बहुत महत्त्व के सूत्र निकाले।

रामानुजन ने सिद्ध किया कि यदि n का रूप $5m - 1$, $7m - 2$, अथवा $11m - 6$ का हो तो $p(n)$ क्रमशः 5, 7 और 11 से पूर्ण विभाजित हो जाता है।

$5m - 1$ रूपवाली संख्याएँ $4, 9, 14, 19$ को लेने पर हम पाते हैं $p(4) = 5, p(9) = 30, p(14) = 135, p(19) = 490$, जो सभी 5 से पूर्ण विभाज्य है। इस दिशा में रामानुजन ने बहुत ही विस्मित करनेवाले कुछ सूत्र निकाले थे और विभक्तियों पर उनका शोध कार्य कैंब्रिज से भारत लौट आने के बाद भी चलता रहा था।

प्रो. हार्डी एवं राइट की प्रसिद्ध पुस्तक 'एन इंट्रोडक्शन टु द थ्योरी ऑफ नंबर्स' का अध्याय 19 विभक्तियों पर है। रामानुजन द्वारा प्राप्त विभक्तियों की 3 तादात्म्य उसमें इस प्रकार है—

$$p(5m + 4) = 0 \pmod 5 \quad (1)$$

$$p(7m + 5) = 0 \pmod 7 \quad (2)$$

$$p(11m + 6) = 0 \pmod{11} \quad (3)$$

पुस्तक में (1) और (2) की उपपत्तियाँ (proofs), जो रामानुजन ने ही प्राप्त की थीं, दी गई हैं; परंतु हार्डी और राइट ने (3) को 'अधिक कठिन' कहकर छोड़ दिया है। बाद में प्रिंस्टन के प्रो. फ्रीमैन डाइसन ने लिखा है कि उन्होंने (3) को सिद्ध करने के अथक प्रयत्न किए, पर वह सफल नहीं हुए। सन् 1969 में इसकी उपपत्ति एल. विन्क्युइस्ट (L. Winquist) ने दी, वह 'जर्नल ऑफ कंबीनेटोरियल थ्योरी' में प्रकाशित हुई। यह उपपत्ति 'ली-एलजबरा' की तादात्म्यों से जुड़ी है।

रामानुजन का वर्गमूलों एवं अन्य मूलों से प्रेम

गणित, विशेष रूप से अंकगणित एवं बीजगणित में, योग, अंतर, गुणा एवं विभाजन प्रक्रियाओं के बाद में संख्याओं की घातों और मूलों का स्थान आता है। जैसे 2^5 अथवा $\left(\frac{32}{5}\right)^{\frac{1}{5}}$ जिसको $\sqrt[5]{\frac{32}{5}}$ के मूल के चिह्न ($\sqrt{\ }$)रूप (radical form) में भी लिखा जाता है।

इंडियन मैथेमेटिकल सोसाइटी के जरनल में उन्होंने जिन 58 सूत्रों को प्रकाशन के लिए भेजा था, उनमें से 10 में मूल के चिह्न लगे थे। उनके तीन समीकरण देखें—

$$\left(\sqrt[5]{\frac{32}{5}}-\sqrt[5]{\frac{27}{5}}\right)^{1/3}=\sqrt[5]{\frac{\;}{25}}+\sqrt[5]{\frac{3}{25}}-\sqrt[5]{\frac{9}{25}}$$

$$\left(188+108\sqrt{3}+\sqrt{(188-108\sqrt{3})^{2}-1}\right)^{1/6}=\sqrt{\frac{6+3\sqrt{3}}{4}}+\sqrt{\frac{2+3\sqrt{3}}{4}}$$

$$\left(32a^{3}-6a+\sqrt{(32a^{3}-6a)^{2}-1}\right)^{1/6}=\sqrt{\frac{2a+1}{2}}+\sqrt{\frac{2a-1}{2}}$$

रामानुजन के इस प्रेम को ध्यान में रखते हुए उनकी जन्म-शताब्दी पर जो शोध-पत्र ब्रूस बर्नडट, हेंग हुआट चान तथा लियंग-चेंग झांग ने प्रकाशित किया, उसमें सौवीं वर्षगाँठ न कहकर उसे

$$\left(32\left(\frac{1461001}{48400}\right)^{3}-6\left(\frac{1461001}{48400}\right)+\sqrt[6]{\left(32\left(\frac{1461001}{48400}\right)^{3}-6\left(\frac{1461001}{48400}\right)\right)^{2}-1}\right)$$

वीं वर्षगाँठ कहा।

अवकलन (Integral) पर कार्य

रामानुजन डेफनिट इंटीग्रल में विशेष कुशलता रखते थे। इनपर वह अपने देश में आरंभिक वर्षों में भी काम करते रहे थे और उनके प्रकाशित कई शोध-लेख इनपर हैं। प्रो. जी.एच. हार्डी ने अपनी पुस्तक 'रामानुजन : ट्वेल्व लैक्चर्स ऑन सब्जेक्ट्स सजेस्टेड बाई हिज लाइफ एंड वर्क' में इस विषय पर एक पूरा अध्याय दिया है। उन्होंने अपने इस अध्याय में केवल वही इंटीग्रल लिये हैं, जिनपर रामानुजन ने कैंब्रिज जाने से पूर्व कार्य किया था तथा जिन्हें प्रो. वाटसन ने लिया है। जिन दो को उन्होंने विशेष रूप से छाँटा है, वे इस प्रकार हैं—

$$\int_{0}^{\infty}x^{s-1}\{\phi(0)-x\phi(1)+x^{2}\phi(2)-\ldots\}dx=\frac{\pi}{\sin s\pi}\phi(-s)$$

$$\int_{0}^{\infty}x^{s-1}\left\{\lambda(0)-\frac{x}{1!}\lambda(1)+\frac{x^{2}}{2!}\lambda(2)-\ldots\right\}dx=\Gamma(s)\lambda(-s)$$

उनकी 'लॉस्ट बुक' में लगभग 50 सूत्र डेफनिट इंटीग्रल पर हैं। इनमें से

कई मॉर्डल इंटीग्रल्स (Mordell Integrals) पर हैं। जी.एन. वाटसन तथा जॉर्ज एंड्रूज ने मॉर्डल इंटीग्रल का रामानुजन के कार्य का संबंध दिखाने का काफी अच्छा कार्य किया है, जो क्रमशः लंदन मैथेमेटिकल सोसाइटी के जर्नल में सन् 1936 में तथा स्प्रिंगर फरलाग की लेक्चर-नोट शृंखला 899 में सन् 1981 में छपे हैं। इस दिशा में अन्य कार्य करनेवाले विशेष व्यक्ति हैं आर. आस्के., एस. राघवन तथा एस.एस. रंगाचारी।

उनके द्वारा दिए इंटीग्रल साधारण नहीं हैं। उनके लॉस्ट बुक में आया एक इंटीग्रल यहाँ हम दे रहे हैं—

$$\frac{q^{1/5}}{1+\cfrac{q}{1+\cfrac{q^2}{1+\cfrac{q^3}{1+....}}}}=\frac{\sqrt{5}-1}{2}\exp\left\{-\frac{1}{5}\int_0^q\frac{(1-t)^5(1-t^2)^5....}{(1-t^5)(1-t^{10})....}\frac{dt}{t}\right\}$$

रामानुजन का पाई (π) का मान

सन् 1914 में प्रकाशित अपने शोध-लेख में रामानुजन ने 14 नए सूत्र दिए। उनमें से पाई का मान निकालने के निम्नलिखित सूत्र ने लोगों को आश्चर्य में डाल दिया—

$$\frac{1}{\pi}=\frac{2\sqrt{2}}{9801}\sum_0^{\infty}\frac{(4k)!}{(k!)^4 4^{4k}}\frac{(1103+26390k)}{99^{4k}}$$

इस सूत्र से प्राप्त फल बहुत अच्छे हैं और वे ज्योमेट्रिक नियम से संसृत (converge) होते हैं।

□

श्रीनिवास रामानुजन पर संदर्भ-सामग्री

रामानुजन की नोट-बुक्स

1. S. Ramanujan, *Notebooks, Vols. 1, 2,* Tata Institute of Fundamental Research, Bombay, 1957;
2. B.C. Berndt, *Ramanujan's Notebooks, Part I,* with a foreword by S. Chandrashekhar, Springer, New York, 1985 ISBN: 0-387-96110-0;
3. B.C. Berndt, *Ramanujan's Notebooks, Part II*, Springer, New York, 1989 ISBN: 0-387-96794-X;
4. B.C. Berndt, *Ramanujan's Notebooks, Part III*, Springer, New York, 1991 ISBN: 0-387-97503-9;
5. B.C. Berndt, *Ramanujan's Notebooks, Part IV*, Springer, New York, 1994 ISBN: 0-387-94109-6;
6. B.C. Berndt, *Ramanujan's Notebooks, Part V*, Springer, New York, 1998 ISBN: 0-387-94941-0;
7. S. Ramanujan, *The Lost Notebook and Other Unpublished Papers*, with an introduction by George E. Andrews, Springer, Berlin, 1988 ISBN: 3-540-18726-X;

रामानुजन का जीवनी साहित्य

1. Biography in *Dictionary of Scientific Biography* (New York, 1970-1990).
2. Biography in *Encyclopaedia Britannica.*

पुस्तकें

3. B.C. Berndt,. and R.A. Rankin: *Ramanujan—Letters and Commentary,* American Mathematical Society & London Mathematica; Society, 1995.
4. G.H. Hardy: *Ramanujan—Twelve Lectures on Subjects Suggested*

by his life and Work, Chelsea, New York, 1940.

5. R. Kanigel: *The Man Who Knew Infinity: A Life of the genius Ramanujan,* Charles Scribner's Sons, New York, 1991; Indian Edition Published by Rupa & Co., 1994.
6. G.H. Hardy, P.V. Seshu Aiyer & B.M. Wilson (ED.): *Collected Papers of Srinivas Ramanujan,* Chelsea, New York, New York, 1962; First published by Cambridge University Press Cambridge.
7. K. Srinivas Rao: *Srinivas Ramanujan: A Mathematical Genius,* East West Books, Madras, Pvt. Ltd., 1998.
8. J.N. Kapur (Ed): *Some Eminent Indian Mathematicians of the Twentieth Century,* Kanpur, Delhi 1989.
9. S.R. Ranganathan: *Ramanujan: The Man and the Mathematician,* Asia Publishing House, London, 1967.
10. P.K. Srinivasan: *Ramanujan: An Inspiration,* Two Volumes, The Muthiapet High School, Madras, 1968.

जीवनी पर विविध लेख

11. P.V. Seshu Aiyar, The late Mr. S. Ramanujan, B.A., F.R.S., *Journal of the Indian Mathematical Society,* 12 (1920), 81-86.
12. G.E. Andrews, An introduction to Ramanujan's 'lost' notebook, *American Mathematical Monthly,* 86 (1979), 89-108.
13. B. Berndt, Srinivas Ramanujan, *The American Scholar,* 58 (1989), 234-244.
14. B. Berndt and S. Bhargava, Ramanujan - For lowbrows, *American Mathematical Monthly* 100 (1993), 644-656.
15. B. Bollobas, Ramanujan—a glimpse of his life and his mathematics, *The Cambridge Review* (1988), 76-80.
16. B. Bollobas, Ramanujan—a glimpse of his life and his mathematics, *Eureka* 48 (1988), 81-98.
17. J.M. Borwein and P.B. Borwein, Ramanujan and pi, *Scientific American* 258 (2) (1988), 66-73.
18. S. Chandrashekhar, On Ramanujan, in *Ramanujan Revisited* (Boston, 1988), 1 6.
19. L. Debnath, Srinivas Ramanujan (1887-1920) : a centennial tribute, *International Journal of Mathematical Education in Science and Technology* 18 (1987), 821-861.
20. G.H. Hardy, The Indian mathematician Ramanujan, *American Mathematical Monthly* 44 (3) (1937), 137-155.

21. G.H. Hardy, Srinivas Ramanujan, *Proceedings of the London Mathematical Society,* 19 (1921), xl-lviii.
22. E.H. Neville, Srinivas Ramanujan, *Nature* 149 (1942), 292-294.
23. C.T. Rajgopal, Stray Thoughts on Srinivas Ramanujan, *Mathematics Teacher (India)* 11A (1975), 119-122, and 12 (1976), 138-139.
24. K. Ramachandra, Srinivas Ramanujan (the inventor of the circle method), *Journal of Mathematics & Physical Sciences,* 21 (1987), 545-564.
25. K. Ramachandra, Srinivas Ramanujan (the inventor of the circle method), *Hardy-Ramanujan J.* 10 (1987), 9-24.
26. R.A. Rankin, Ramanujan's manuscripts and notebooks, *Bulletin London Mathematical Society* 14 (1982), 81-97.
27. R.A. Rankin, Ramanujan's manuscripts and notebooks II, *Bulletin of the London Mathematical Society* 21 (1989), 351-365.
28. R.A. Rankin, Srinivas Ramanujan (1887- 1920), *International Journal of Mathematical Education in Science and Technology* 18 (1987), 861.
29. R.A. Rankin, Ramanujan as a patient, *Proceedings of the Indian Academy of Sciences,* 93 (1984), 79-100.
30. R. Ramachandra Rao, In memoriam S. Ramanujan, B.A., F.R.S., *Journal of the Indian Mathematical Society,* 12 (1920), 87-90.
31. E. Shils, Reflections on tradition, centre and periphery and the universal validity of science : the significance of the life of S. Ramanujan, *Minerva* 29 (1991), 393-419.
32. D.A.B. Young, Ramanujan's illness, *Notes and Records of the Royal Society of London* 48 (1994), 107-119.

श्रीनिवास रामानुजन के प्रकाशित शोध-लेख

1. Some Properties of Bernoulli's numbers, *Journal of the Indian Mathematical Society,* 3 (1911), 219-234.
2. On Question 330 of Professor Sanjana, *Journal of the Indian Mathematical Society,* 4 (1912), 59-61.
3. Note on a Set of Simultaneous Equations, *Journal of the Indian Mathematical Society,* 5 (1913), 94-96.
4. Irregular Numbers, *Journal of the Indian Mathematical Society,* 5 (1913), 105-106.
5. Squaring the Circle, *Journal of the Indian Mathematical Society,* 5 (1913), 132.

6. Modular Equations and Approximation to p, *Quarterly Journal of Mathematics*, 45 (1914), 350 – 37.

7. On the Integral $\int_0^x \frac{\tan^{-1} t}{t} dt$, *Journal of the Indian Mathematical Society*, 7 (1915), 93-96.

8. On the number of divisors of a number, *Journal of the Indian mathematical Society*, 7 (1915), 131-133.

9. On the sum of Square roots of First n natural numbers, *Journal of the Indian mathematical Society, 7 (1915)*, 173-175.

10. On the product $\prod_{n=0}^{n=\infty}\left[1+\left(\frac{x}{a+nd}\right)^3\right]$, *Journal of the Indian mathematical Society*, 7 (1915), 209-211.

11. Some Definite integrals, *Messenger of Mathematics*, 44 (1915), 10-18.

12. Some Definite Integrals Connected with Gauss's Sums, *Messenger of Mathematics*, 44 (1915), 75-85.

13. Summation of Certain Series, *Messenger of Mathematics*, 44 (1915), 157-160.

14. New Expressions for Riemann's Functions $\xi(s)$ and $\Xi(t)$, *Quarterly Journal of Mathematics*, 46 (1915), 253-260.

15. Highly Composite Numbers, *Proceedings of the London Mathematical Society*, 2, (1915), 347-409.

16. On Certain Infinite Series, *Messenger of Mathematics*, 45 (1916), 11-15.

17. Some Formulae in the Analytic Theory of Numbers, *Messenger of Mathematics*, 45 (1916), 81-84.

18. On Certain Arithmetical Functions, *Transactions of the Cambridge Philosophical Society*, 22, 9 (1916), 159-184.

19. A Series for Euler's Constant γ, *Messenger of Mathematics*, 46 (1917), 73-80.

20. On the Expression of a Number in the form $ax^2+by^2+cz^2+du^2$, *Proceedings of the Cambridge Philosophical Society*, 19 (1917), 11-21.

21. On Certain Trigonometrical Sums and Their Applications in the Theory of Numbers, *Transactions of the Cambridge Philosophical Society*, 22 (1918), 259-276.

22. Some Definite Integrals, *Proceedings of the London Mathematical Society,* 5, 14 (1918), Records for 17th Jan. 1918.
23. Some Definite Integrals, *Journal of the Indian Mathematical Society, 11 (1919),* 81-87.
24. A Proof of Bertrand's Postulate, *Journal of the Indian Mathematical Society, 11 (1919),* 181-182.
25. Some Properties of p(n), the number of partitions of n, *Proceedings of the Cambridge Philosophical Society,* 21 (1919), 207-210.
26. Proofs of certain Identities in combinatorial Analysis, *Proceedings of the Cambridge Philosophical Society,* 21 (1917), 214-216.
27. A Class of Definite Integrals, *Quarterly Journal of Mathematics,* 48 (1920), 294-310.
28. Congruence Properties of Partitions, *Proceedings of the London Mathematical Society,* 2, 18 (1920), Records for 13th March, 1919.
29. Algebraic Relations between Certain Infinite Products, *Proceedings of the London Mathematical Society,* 2, 18 (1920), Records for 13th March 1919.
30. Congruence Properties of partitions, *Mathematische Zeitschrift,* 9 (1921), 147-153.

हार्डी के साथ लिखे रामानुजन के शोध-लेख

31. Une formulae asymptotique pour le nombre des partitions de n, *Comptes Rendus,* 2nd Jan., 1917.
32. Proof that almost all numbers n are composed of about loglogn prime factors, *Proceedings of the London Mathematical Society,* 2, 16 (1917), Records for 14th Dec., 1916.
33. Asymptotic Formulae in Combinatorial Analysis, *Proceedings of the London Mathematical Society,* 2, 16 (1917), Records for 1st March, 1917.
34. Asymptotic formulae for the Distribution of Integers of various Types, *Proceedings of the London Mathematical Society,* 2, 16 (1917), 76-92.
35. The Normal Number of Prime Factors of a number n, *Quarterly Journal of Mathematics,* 48 (1917), 76-92.
36. Asymptotic Formulae in Combinatorial Analysis, *Proceedings of the London Mathematical Society,* 2, 17 (1918), 75-115.
37. On the Coefficients in the expansions of Certain Modular Functions, *Proceedings of the Royal Society,* A, 95 (1918), 144-155.